コニファー

楽しみ方と育て方

柴田忠裕

淡交社

目次

はじめに

大学院卒業後、昭和56年に千葉県に奉職し、農業試験場花植木研究室に配属、緑化樹の栽培に関する研究に従事することになった。当時は千葉県が全国一の植木生産県で、生産面積も3,000haを超えていたが、その大部分はイヌマキやキャラボク、マツ類などの造形樹であった。元号が昭和から平成に変わる頃、世の中や住宅が一段と洋風化し、土地の値段も高騰したため、市民が買える宅地は、カーポートと小さな庭ができる程度の狭小地が主流であった。そんな背景の下、管理に手間がかかり広い栽培スペースを必要とする従来の造形樹が敬遠され、それに代わる植木を模索中に欧米で普遍的に見られるコニファーと出会った。それ以降、コニファーに関する研究にあたることになり、たとえば、花材としてのコニファーの適性試験、インドア用コニファーを選定するための耐陰性試験、コニファーを使った屋上・壁面緑化や欧米で人気の造形されたイヌマキやゴヨウマツなどを輸出するための検疫対策技術など、思い起こせばコニファー関連の試験研究が私の研究生活の大半を占めていた。

コニファーを求めて世界各国を巡り、普及啓蒙を図るためテレビや雑誌などに取り上げてもらい、私自身もコニファーに関する本を4冊出版した。その結果、コニファーの認知度が高まり、今では緑化植物としての地位を勝ち取るまでになった。うれしい限りではあるが、大きくなり過ぎたり枝葉が褐変したりする弊害が問題視され、コニファーは管理が面倒だとの悪評を聞くに至った。そこで、これら問題の解決を図るため丈夫な種類やサイズ維持のための技術を紹介するためこの本を執筆することにした。

最後に、フラワーアレンジメントの手順を解説頂いたアトリエ　ベアグラスの笹原由里さん、取材や情報を頂いた各地のガーデン関係者諸氏、巻末のコラムを書いていただいた椎野昌宏さん、編集の労を担っていただいた淡交社八木歳春さんに心から感謝申し上げます。

柴田忠裕

Chapter 01

コニファーを知ろう

コニファーって、どんな植物？

コニファーとは、「マツボックリのような球果（cone）をつける植物」、もしくは、「樹形が円錐《えんすい》形（Conical）の植物」を指しますが、この二つの説明のうち、どちらが正説であるかは不明です。ただ、二つの説を言い換えると、この両方の性質を持った植物、つまり針葉樹を「コニファー」と言い表していることになります。ところが、たとえばイチイはゼリー状の仮種皮の中に黒っぽい種子が埋もれていますし、イヌマキもゼリー状の花托の先にグリーンピースのような種子をつけています。ですから、なかには「球果をつける植物」という定義にそぐわない針葉樹も存在しているのです。

また、日本の海岸線にはクロマツが自生していますが、新たに植林もされています。山林の人工林の多くは、スギやヒノキです。クロマツ、スギ、ヒノキ、これらはどれも針葉樹ですが、造林、防災用に植えられたものであって、観賞性を重視する、いわゆる「コニファー」とは一線を画す必要があると考えています。

もちろん個人の見解になりますが、私ならば「コニファーってどのような植物ですか？」と尋ねられたなら、「洋風で、観賞性が高い針葉樹」と答えるでしょう。

観賞する植物といえば、美しい花を楽しむ花き類がもっとも身近な存在かもしれませんが、常緑樹のコニファーは、その葉の色や樹形つまり樹の姿を主に観賞します。実は、私たちも普段から庭や公園で、きれいに刈り込まれたコニファーを目にしていますし、コニファーを主木とした寄せ植えなども見かけることでしょう。

美しいウラジロモミの球果

01　コニファーを用いたスワッグ（壁飾り）
02　店先に置かれた寄せ植えのコニファー
03　フランス・パリで。コンテナの寄せ植えをカフェの間仕切りに利用
（ニオイヒバ‘スマラグ’　p.51）

「針葉」樹と言っても、葉色も形もさまざま

コニファーの魅力

変化に富んだ葉の色彩と形

コニファーの葉色は、緑色、黄色、橙色、青緑色、灰緑色、銀青色や白斑、黄斑が入るものがあり、変化に富んでいます。このさまざまな色が魅力の一つで、とくに青味を帯びた葉色は、日本に自生の樹木にはない、海外からコニファーが導入されて初めて経験する色であり、たとえば、寄せ植えなどでは緑色や黄色と組み合わせると奥行感がでて、全体にコントラストもつきます。さらに、寒さで葉が橙色に染まるものや紫色になるものもあり、それを利用して季節感を演出することも可能になります。

針葉樹と言うと、針状の葉を想像しますが、鱗《うろこ》状にすぼまった葉（鱗葉）を持つものもありますし、成樹の葉は鱗葉でも若木のうちや強く剪定すると針葉が出ることもあります。また、「先祖返り」と言い、栽培品種からその基本種である枝葉が出ることもあります。一般的には先祖返りを見つけたら、早期に切り取ってください。

01　様々な樹形、葉色が楽しめるコニファーガーデン。オランダ・リッセで

02　コノテガシワ‘エレガンティシマ’(p.55)から選抜されたコノテガシワ‘ゴールデンエレガンティシマ’。黄金色の葉が美しい

03、04　先祖返りした枝が見られるコノテガシワ‘ローズダリス’(左 p.56)と‘カイヅカイブキ’(右 p.57)

緻密に刈り込まれたレイランドヒノキ（上 p.50）とコロラドビャクシン‘ブルーヘブン’（下　p.60）

美しい樹形

ヒマラヤシーダー（p.30）、チリーマツ（p.66）、そして日本固有種のコウヤマキ（p.34）は、樹形が、自然と美しく整うため「世界三大美樹」あるいは「三大公園樹」と言われます。コニファーの自然の樹形は、種や品種によって円錐《えんすい》形、狭《きょう》円錐形、円筒《えんとう》形、楕円《だえん》形、球形、半球形、盃状形、枝垂《しだ》れ形、匍匐《ほふく》形と、さまざまです。また後に紹介しますが、トピアリーと言って、想い描く姿に仕立てることもできます。自然の樹形を楽しむのも良し、人工的な形に仕立てるのも良し、育てる人の好みで、いろいろと形作ることができるのもコニファーの大きな魅力になっています。

ただし、自然樹形を楽しむためには広い場所が必要です。ですから原形を基本樹形としてそれ以上大きくしない仕立て方もあります。要は伸びた部分を絶えず刈り込むことです。

多様な生育

アメリカ西海岸原産のセンペルセコイアは、樹高115メートル以上になり、ギネス世界記録にも認定されていて、初期の生育が旺盛で、短期間に大きな株に育ちます。一方で、

01　玄関前の植栽に這性種のコニファーを利用（常盤植物化学研究所玄関前）
02　建物の各階で這性種（ハイネズ　p.62）を栽培。それがお互いにつながってグリーンベルトを形作っている

10年たっても握りこぶし大の大きさにしかならない矮性《わいせい》種もあります。このような矮性のコニファーは長期にわたり、維持管理の手間が省けるのが利点です。植栽スペースに応じて、取捨選択が可能なのです。

耐陰性

本来、針葉樹は、太陽光を好む「陽樹」というタイプに分類されますが、幼時は耐陰性をあわせ持ちます。この性質を利用して、日陰地の植栽やインドアグリーンとしての利用が可能です。特にアスナロやアフリカマキ、ナギなどは耐陰性が高く、インドアグリーンに最適です。

香り

「フィトンチッド」という言葉を聞いたことがありますか？　フィトンチッド（phytoncide）とは、樹木などが傷つけられた時などに発散する殺菌力を持った揮発性物質のこと。森林浴がすがすがしく感じるのは、このフィトンチッドの効果によるものと言えます。

国立競技場がその代表格でしょうか、最近、木造の家や建物が増えて

耐陰性のコニファーを利用したインドアグリーン

01　インドアグリーンで人気のモントレーイトスギ‘ゴールドクレスト’(p.42)
02　コロラドビャクシン‘スカイロケット’(p.60)
03　室内の休憩スペース
04　アフリカマキ（p.75）は耐陰性が強く、今後インドアグリーンとして普及させたい

います。自然回帰志向が浸透し、人々は木のぬくもりを求めているのだと思われます。もともと私たちの国土の7割は森林であり、そこから得られる木材は生活の必需品でした。スギ、ヒノキは優秀な建築材として多用され、その端材《はざい》は燃料などに使われましたし、ヒノキの家や風呂はあこがれの的《まと》で、樽酒は祝いの席で飲まれてきました。寿司屋のカウンターにあるガラスの冷蔵庫には、ヒノキなどの枝葉が敷き詰められています。今は低温による鮮度保持が可能ですが、冷蔵庫がなかったころはヒノキが不可欠で、そこからでる抗菌物質が腐敗を抑えていたのだと考えられています。とにかく、私たちは森林からの恩恵を最大限に活用してきた民族といえるのです。

簡易蒸留器でベイスギウォーターを生成

樹種によって香りは異なり、また、人によって感じ方も異なりますが、ヒノキはすがすがしい香り、ニオイヒバは柑橘《かんきつ》系の甘い香り、ベイスギはトロピカルフルーツを思わせる香りを放ちます。その香りには、ストレス軽減、抗菌、殺ダニ、疲労回復、消臭などの作用が知られます。

抗生物質がなかったころ、結核は不治の病と恐れられていました。当時の治療は森林内の療養所に入院し、栄養を取って安静にし、自己免疫によって治していたと思われます。「森林内」というのは、伝染性の病気から隔離する目的も大きかったと思われますが、森林は抗菌作用がある香り物質で満たされており、患者はその空気を日々吸うことで絶えず殺菌されていたことと推測されます。

都心部とヒノキ林内で同じ人が一定時間ペダルをこいだ直後の心拍数は、両地点とも変化はないが、その場の空気を5分間吸って休憩した後の心拍数は、ヒノキ林の方が2割以上少なかった。このことは、ヒノキからでる香り物質が、疲労回復を促したからだと考えられます。

ぜひ､コニファーを身近においてその香りも楽しん欲しいものです｡今､注目をあびているハーブとの相性も良いため、組み合わせて幅広い香りを楽しんでください。

ゴミの少量化

秋になると落葉樹からの落ち葉が街路を埋め尽くし、その始末に手をやいた記憶をお持ちの方も大勢いるのでは？　常緑樹であってもシラカシなどは夏前には葉を落とします。シラカシは広葉樹で、葉が落ちると、以外と人目につきやすい。その点、コニファーは針葉で小さいため、目につきにくい。さらに絶対量も少ないため、ゴミの少量化につながります。

コニファーのすばらしさをあげればかぎりがありません。ここにあげた以外にも、冬、雪が積もればその白と常緑の葉の対比が目を喜ばせてくれます。コニファーを利用したフラワーアレンジメントやクリスマスの時期に普段育てているコニファーを飾りつけてクリスマスツリーとして楽しんだり、その枝葉でリースを作ったりすることもできます。ガーデニング用樹木としてだけではないコニファーの魅力を紹介しましょう。

01　クリスマスリース
02　冬には雪と葉の色の対比も美しい

03・04　コニファーを利用したキャンドルアレンジメント
05　大木を利用したクリスマスツリー（プラハにて）
06　ドワーフコニファーやモミジを使ったテラリウム（Reef One 社 biorb）
07　ミニチュアコニファーを用いたジオラマ

コニファーをうまく工夫した下志津病院エントランス。来院の子どもたちにも人気があり、不安な気持ちを和らげる効果も

Chapter 02

育ててみたい
コニファー53種

著者のおすすめコニファーたち

★図鑑ページの見方

ここでは、入手可能（発刊時）なコニファーや著者が一度は育てて欲しいと思うおすすめのコニファー 53種を取り上げています。

・配列は科・属単位。

・分類大系や学名については原則 DNA 解析に基づく APG に準拠しました。なお学名については以下の Web サイトも参考にしています。

Plants of the World Online（https://powo.science.kew.org）

World Flora Online（http://www.worldfloraonline.org）

・各項目には、生育に適した陽当りを、以下のマークで記しています。

陽当りを好む

半日陰を好む

日陰を好む

・各項目の樹高は、街中で普通に見られる人為的に管理された状態でのデータです。以下のマークで樹高を 3 段階に分類するとともに栽培可能な植栽環境も明示してあります。

【管理された一般的な樹高】

低　1m 以下（這性も含む）

中　1.0 m～ 4m

高　4 m以上

【栽培可能な環境】

鉢　鉢栽培

庭　庭木、生け垣

公　公園、街路

マツ科モミ属 (*Abies*)

ウラジロモミ　*A. homolepis*　◎ 高 鉢庭

福島県から九州、四国地方の高地原産。常緑高木。日本を代表するモミで、クリスマスのころに多く流通する。樹形は円錐《えんすい》形で、針葉の先端は鋭尖《えいせん》あるいはややくぼみ、濃緑色で光沢がある。ウラジロモミ（裏白樅）の名のとおり、葉裏が灰白色で、遠目には灰青色に見える。球果は長さ7〜12センチの円筒形で、始め帯紫色、後に暗紫色になり、観賞性が高い（p.6）。やや暑がるため、西日を避けることができる場所で育てるのが良い。実生《みしょう》で繁殖する。ウラジロモミの分布域以西には、大ぶりなモミ（*A. firma*）が分布し、似ているが、ウラジロモミは葉裏が白く、球果が大きいなどの点で区別できる。

01　ウラジロモミ
02　葉裏の白色が特徴的

コロラドモミ　*A. concolor*　◎ 中 庭

北アメリカ西部からメキシコ原産の常緑高木。「コロラド・ホワイト・ファー（Colorado White Fir）」とも呼ばれ、欧米では人気がある。‘カンデカンス’（‘Candicans’）は栽培品種で、樹形は円錐《えんすい》形になる。針葉は灰白色で、葉ざわりは柔らかい。球果は長さ約10cmの円筒形で灰緑色、後に暗紫色になり美しい。若木の新梢は年間30cm以上伸びる。モミを台木とし、接ぎ木で繁殖する。

01　雪姿のコロラドモミ
02　緑色が強い実生株
03　‘カンデカンス’
04　コロラドモミの針葉
05　球果

チョウセンシラベ　*A. koreana*　◎中庭

朝鮮半島南部や済州島、沿海州南部原産の常緑高木。「サイシュウシラベ」とも呼ばれる。針葉の先端部は円形またはややくぼみ、葉裏に目立つ気孔線が入り、白っぽく見える。球果は円筒形で、秋には暗紫色に熟して美しい。栽培品種の‘ホルストマンズシルバーロック’（‘Horstmanns Silberlocke’）の樹形はきれいな円錐《えんすい》形になる。枝は斜上あるいは水平に伸び、常緑の枝葉が密生する。針葉は鮮緑色で内側に反り返り、葉裏の銀白色が目だつ。若木の新梢は年間10～20cm伸びる。モミを台木とし、接ぎ木で繁殖する。

01　オランダ・リッセで
02　暗紫色が美しい球果
03　‘ホルストマンズシルバーロック’の球果

ノーブルモミ　*A. procera*　◎ 中 鉢庭

北アメリカ北西部の山地原産。常緑高木。針葉は柔らかく、青みを帯びた緑色で高級感があり、欧米では庭木として人気がある。また近年は、クリスマスツリーやリース用の素材として、大量に輸入されている。栽培品種の‘グラウカ’(‘Glauca’)は樹高5m、樹形は端正な円錐《えんすい》形になる。枝は水平あるいは少し斜上し、枝葉が密生する。針葉は灰青色で、高級感があり柔らかい。若木の新梢は年間10～20cm伸びる。モミを台木として接ぎ木で繁殖するが、側枝を接ぐと勢いのある幹が立たず、横張り性が残る。主幹が立ち上がるまでは支柱を添えて誘引する。

01　‘グラウカ’
02　柔らかく、青味を帯びた‘グラウカ’の針葉

マツ科トウヒ属 (*Picea*)

カナダトウヒ　*P. glauca*　◎ 中 鉢庭

北アメリカ原産の常緑高木。「シロトウヒ」とも呼ばれる。樹皮は薄く、灰色を帯びた褐色で、針葉は短い。葉を揉むときつい香りがする。栽培品種の‘アルバティアーナコニカ’（‘Albertiana Conica’）は、一般には「コニカ」の名で流通している。矮性《わいせい》種であるが、最終的には樹高3m程度になる。樹形は整然とした円錐《えんすい》形で、樹形の乱れは少ない。分枝が旺勢で、枝は斜上あるいは上向きに伸び、枝葉が密生する。針葉は、新梢時が鮮緑色、のちに青味を帯びた緑色になり、冬はややベージュを帯びる。若木の新梢は年間5～10cm伸びる。繁殖は1月から3月に前年枝を挿し木する。シンボルツリー、寄せ植え、ロックガーデン、トピアリー、鉢物などと用途は広い。‘サンダースブルー’（‘Sanders Blue’）は‘アルバティアーナコニカ’から選抜された栽培品種で、針葉は灰青色、遮光下で栽培するとより青くなる。しかし、時々先祖返りして緑葉が伸び出すため、見つけ次第枝の元から切除する。繁殖には必ず青色の枝葉を挿すようにする。シンボルツリー、寄せ植え、ロックガーデンに向く。

01　‘アルバティアーナコニカ’を主体にした庭
02　‘サンダースブルー’。先祖返りした緑葉が交じる

コーカサストウヒ *P. orientalis* ◎中庭

コーカサス地方原産の常緑高木。1年生の枝には毛が生えるが、徐々に脱落する。生育旺盛で、現地では巨木になる。その栽培品種‘オーレア’(‘Aurea’)の樹形は狭円錐《きょうえんすい》形になる。枝は斜上あるいは水平に伸び、先端がやや下垂する。分枝が旺勢で、枝葉が密生する。針葉は短く光沢があり、新梢時乳黄色、のちに黄金色になり、夏以降は暗緑色に変化する。球果は長さ5～7cmの卵球形、始め紫色、成熟すると茶褐色になる。若木の新梢は年間10～20cm伸びる。繁殖は1月から3月にヨーロッパトウヒなどの台木に前年枝を接ぎ木する。シンボルツリー、ロックガーデン、フラワーアレンジメントの花材に向く。

01 ‘オーレア’(初夏)
02 茶褐色に熟した球果
03 ‘スカイランズ’

コロラドトウヒ　*P. pungens*

◎中庭

北アメリカ原産の常緑低木。現地では30m以上に達し、「Blue Spruce（ブルーのトウヒ）」とも呼ばれ、好んで庭植えされる。針葉は硬く強じんで、先端は針のように尖り、触ると痛い。栽培品種‘グラウカグロボーサ’（‘Glauca Globosa’）は生育が遅く、樹高は最終的に1～2mになる。樹形は始め半球形であるが後に勢いのある幹が立ち、広円錐《えんすい》形になる。分枝が旺勢で、短い側枝が多数、不規則につき、株の内部が見えないほど密生する。針葉はワックスで覆われて灰

01　庭植えされたコロラドトウヒ
02　半球形の姿がかわいい‘グラウカグロボーサ’
03　40年生の幹が立った‘グラウカグロボーサ’

04　コロラドトウヒ‘ホプシー’を利用したクリスマスツリー
05　コロラドトウヒ‘ファットアルバート’

01　ドイツトウヒの球果
02　支柱に誘引して動物の姿に仕立てられた‘ペンデュラ’
03　‘オーレンドルフィ’

白色を帯びた青緑色だが、このワックスは風雨で次第にはげ落ちるため、新梢時が最もきれいである。若木の新梢は年間10cm前後伸びる。繁殖は1月から3月に、ヨーロッパトウヒなどの台木に前年枝を接ぎ木する。発根率は低いが、挿し木も可能である。ロックガーデンや主木の添え木に向く。また、栽培品種の‘ホプシー’（‘Hoopsii’）は代表的な人気品種で、樹高6～8 m、樹形は円錐形になる。側枝や小枝は水平に伸びるため、苗木はボリューム感に欠ける。針葉は長く頑強でさわると痛く、灰青色あるいは白青色で美しい。多くの場合、側枝を接ぎ木するが、直上しにくいため、苗のうちに支柱に誘引し、強制的に立ち上げる。‘ファットアルバート’（‘Fat Albert’）は、樹高3～4mになる中型の栽培品種で、放任しても樹形がコンパクトにまとまる。コロラドトウヒは枝先にシンクイムシが入りやすく、西南暖地ほど顕著なため、定期的な防除が必要である。シンボルツリー、ロックガーデン、クリスマスツリー、フラワーアレンジメントの花材に向く。

ドイツトウヒ　*P. abies*　◎ 高 鉢庭公

ヨーロッパのほぼ全域と西シベリア原産。常緑高木。クリスマスツリーとしてなじみ深い樹で、「ヨーロッパトウヒ」とも呼ばれる。樹形は狭円《きょうえん》錐《すい》形あるいは円錐形で、枝は水平に伸び、老木では下垂する。針葉は細かく濃緑色で、光沢があり、先端は尖る。球果は円筒形で枝に下垂し、秋に茶褐色に熟す。若木の新梢は年間60～80cm伸びる。一般には実生《みしょう》で繁殖する。シンボルツリー、ロックガーデン、クリスマスツリー、フラワーアレンジメントの花材に向く。栽培品種の‘ペンデュラ’（‘Pendula’）は、支柱への誘引の仕方により様々な形に仕立てられる。強制的に主幹を立ち上げないと、地を這《は》うように匍匐《ほふく》するため、一般的には支柱に誘引し、目標の樹高になったら放任し下垂させる。針葉は濃緑色で光沢があり、冬も変色しない。‘オーレンドルフィ’（‘Ohlendorffii’）は、樹高1～2 mになる矮性《わいせい》種で、苗のうちは半球形に育つが、後に勢いのある幹が立ち上がり、広円錐形になる。針葉は始める黄緑色、後に濃緑色になり冬でも変化しない。

マツ科ツガ属 (*Tsuga*)

カナダツガ *T. canadensis*

◎~◐ 中 庭公

カナダ原産の常緑高木。樹高は30 mくらいになり、まっすぐ伸びるために建築材として多用される。栽培品種も多数作出されている。‘ペンデュラ’(‘Pendula’)は枝垂《しだ》れ性の品種で、支柱に誘引すれば立ち上がり、誘引しないと地を這《は》うように広がり、グランドカバーとして利用できる。側枝や小枝は分枝後すぐに下垂する。葉は線形で長さ2cm弱、先端部は丸く葉裏に2条の白い気孔線が入る。冬はややベージュを帯びる。ロックガーデンや広い芝生の独立木に向く。挿し木、接ぎ木で繁殖する。‘イエデロ’(‘Jeddeloh’)は矮性《わいせい》品種で、樹高1～1.5 m、自然に半球形になるが、その後勢いのある幹が立ち上がり、広円錐《こうえんすい》形になる。

01 カナダツガ
02 枝垂れ性の‘ペンデュラ’
03 ‘ペンデュラ’の球果
04 ‘イエデロ’(冬)

マツ科ヒマラヤスギ属（*Cedrus*）

アトラスシーダー　*C. atlantica*　◎ 高 鉢公

モロッコのアトラス山地原産。常緑高木。主幹は直上し、側枝は幹から鋭角に斜上する。自生地では樹高40m以上、樹形は円錐《えんすい》形になる。針葉はヒマラヤシーダー（p.30）と比べて短かい。‘グラウカ’（‘Glauca’）は欧米各所で植栽される人気の栽培品種で、樹形は円錐形。針葉は銀青色または灰青色で高級感がある。球果は円筒形または卵形で長さ5～8cm。熟すと淡褐色になる。枝が粗いため、枝葉が密な株に仕上げるには刈り込みを繰り返す。ヒマラヤシーダーの実《み》生《しょう》苗を台木とし、接ぎ木で繁殖する。‘グラウカペンデュラ’（‘Glauca Pendula’）は枝《し》垂《だ》れ性の栽培品種で、一般的には目的の高さまで支柱で誘引した後は放任し、自然樹形を楽しむ。幹が太く充実すれば、支柱がなくても自立する。枝数は少なく、馬のたてがみのように側枝、小枝とも分枝後すぐに下垂する。針葉は灰青色で、冬はややベージュを帯びる。

01　‘グラウカ’の球果。卵形の姿になる
02　庭にインパクトを与えているアトラスシーダー（アメリカ合衆国オレゴン州）
03　フェンスに利用された‘グラウカペンデュラ’（カナダのバンデューセン植物園）

ヒマラヤシーダー *C. deodara* ◎ 高 庭公

ヒマラヤ山脈の西部（インド側）原産。常緑高木。日本では「ヒマラヤスギ」の名で親しまれている。自生地では40m以上、自然に円錐《えんすい》形となる。主幹は直上し、側枝は水平に伸び、枝の先端は垂れる。針葉は細長く先が尖り、灰緑色あるいは青みを帯びた緑色である。球果は長さ7～13cmの卵形あるいは長卵形で、始め青藍色、成熟すると暗褐色になる。乾燥すると球果の形を維持できず、バラバラになる。世界三大美樹、公園樹の一つでもある。実生《みしょう》で繁殖する。

01 カナダ・バンクーバーの街並みに映える
02 刈り込まれたヒマラヤシーダー
03 球果

マツ科マツ属（*Pinus*）

アカマツ　*P. densiflora*　◎ 高 庭

‘シダレアカマツ’（天目松）

北海道南部から九州地方原産の常緑高木。クロマツより暖地を好み、海岸部よりは山地を好む。樹皮は赤褐色で、針葉はクロマツより細くて柔らかく、全体的に上品な美しさがある。近年マツ枯れが多くなってきた（詳細はクロマツを参照）。‘シダレアカマツ’（‘Pendula’　別名「テンモクショウ〈天目松〉」）は、枝が下垂し、優美である。生育をコントロールできる点も良い。アカマツは実生《みしょう》で繁殖するが、その栽培品種はクロマツの台木などに接ぎ木される。

クロマツ　*P. thunbergii*　◎ 高 鉢庭

北海道南部から九州地方原産の常緑高木。強健で海岸線に多く見られる。日本庭園に欠くことのできない存在であるが、近年、マツノザイセンチュウが西南暖地から進出し、現在は東北地方まで波及している。マツノマダラカミキリが媒介してザイセンチュウが樹体内に侵入し、マツを枯らしてしまう（マツ枯れ）。針葉が黄金色の‘オウゴンクロマツ’（‘Aurea’）、や針葉の中間に黄斑が入る‘ジャノメクロマツ’（‘Oculus-draconis’）などの栽培品種がある。実生《みしょう》で繁殖するが、栽培品種は共台に接ぎ木される。

クロマツ（昭和記念公園）

ゴヨウマツ　*P. parviflora*　◎ 中 鉢庭

本州中部以西から九州地方の山地原産。常緑高木。「マルミゴヨウマツ」とも呼ばれる。樹形は自然に円錐《えんすい》形となる。針葉は5出葉で、短く柔らかで青緑色をしており、観賞価値が高い。比較的、酸性土の方が生育が良い。日本庭園ブームのヨーロッパで人気が高く、樹高2～3mの造形樹が多く輸出されている。実生《みしょう》で繁殖するが、栽培品種や優良系統はクロマツの台木などに接ぎ木される。

01　ゴヨウマツの造形樹
02　玉仕立て
03　盆栽仕立て用に育成される苗
04　幼果

シロマツ *P. bungeana* ◎ 中 庭公

中国の中西部原産。常緑高木。「ハクショウ」や「シロカワマツ」とも呼ばれる。樹形は円錐《えんすい》形になる。若木の樹皮は平滑で灰緑色、老木になるとはがれ､灰白色の幹肌が露出する。この灰白色の幹肌からシロマツ（白松）の名がついた。針葉は3出葉で緑色、冬でも変色しない。若木の新梢は年間20～30cm伸びる。実生《みしょう》で繁殖する。

タギョウショウ *P. densiflora* f. *umbraculifera* ◎ 高 庭

アカマツの品種。常緑低中木で、幹から放射状に枝が伸び、傘状の樹形になる。性質はアカマツに似て、樹皮は赤褐色、鱗状に薄くはがれる。古くから、日本庭園に植栽される。クロマツの台木に接ぎ木される。

01　シロマツ
02　タギョウショウ

コウヤマキ科コウヤマキ属 (*Sciadopitys*)

コウヤマキ　*S. verticillata*　◎ 高 庭

福島県から九州地方原産の常緑高木。ヒノキ、モミ、ツガなどと混交林をなす一属一種の植物で、和歌山県北東部、高野山真言宗総本山の金剛峯寺を中心とした高野山一帯などではお墓に供えられる。狭円錐《きょうえんすい》形の樹形は、自然に形が整うため、ヒマラヤシーダー、チリーマツとともに世界三大美樹、公園樹に位置づけられている。短枝に線形の葉が輪生し、濃緑色で光沢がありきれいである。球果は美しく堅固で、秋に茶色に熟す。一般に実生《みしょう》繁殖する。

01　きれいに刈り込まれたコウヤマキ
02　球果
03　枝変わりで黄葉の出た個体
04　実生苗

スギ科セコイア属 (*Sequoia*)

センペルセコイア　*S. sempervirens*　◎ 高 公

北アメリカ西部の海岸に近い標高1,000 m弱の山地原産。常緑高木。「イチイモドキ」「セコイアメスギ」「レッドウッド」など多くの呼び名がある。現在、世界一高い樹として知られるものは、年々大きくなっており、今では120 mを超えようとしている。線形葉は2列に羽状につき、濃緑色をしていて葉裏は白っぽい。樹皮は赤褐色で厚い。材は暗赤色で柔らかく、耐湿性、耐久性があり、橋や建物、プランターなどに使われる。栽培品種の‘グラウカ’(‘Glauca’)は、新梢が灰緑色で、後に灰青色になり美しい。横枝を挿し木して繁殖するため、勢いある幹が立が上がるまで支柱を添えて誘引する。‘アドプレッサ’(‘Adpressa’)は、新梢が黄色、後に明るい緑色に変化し、冬は枝先が橙色に染まる。‘アドプレッサ’も勢いある幹が立が上がるまで支柱を添えて誘引する。

01　並木（赤塚植物園レッドヒル ヒーサーの森）
02　‘グラウカ’
03　‘アドプレッサ’

マツ科アブラスギ属（*Keteleeria*）

アブラスギ　*K. davidiana*　◎ 高 公

台湾、中国、インドシナ半島原産の常緑高木。「ユサン」「カタモミ」とも呼ばれる。材に油分が多いことから、アブラスギ（油杉）の名がついた。根から抽出した精油や種子は薬用にされる。一見、モミと見間違えるような形態で、自然に端正な円錐《えんすい》形になる。強健で病害虫も少ないことから、一度育ててみて欲しいとくにおすすめのコニファーである。線形葉は長さ2～4cmでカヤに似るが、柔らかく、より光沢がある。球果は円筒形で長さ10～20cm、上向きに枝に付く。形が整っており、リースなどのオーナメントに使われる。実生《みしょう》で繁殖する。

イチイ科イチイ属（*Taxus*）

イチイ　*T. cuspidata*　◎ 中 庭

北海道や本州の亜高山帯、中国の東北部原産。常緑中高木。北海道では「オンコ」とも呼ばれる。樹形は端正な円錐《えんすい》形になる。葉は平たく線形で先端は尖る。葉の色は濃緑色で、裏面は淡黄緑色。仮種皮《かしゅひ》は初め緑色、熟すと紅色になり、多汁質で食べることができ、甘い。この中に先端部が飛び出た種子がつく。ただし、種子は猛毒なのでかみ砕かないようにする。若木の新梢は年間20cm程度伸びる。繁殖は3月に前年枝を挿し木するか、秋に種子を採り播きする。トピアリー、列植、シンボルツリー、インドアグリーンなどに向く。‘黄金キャラボク’（*T. cuspidata* var. *nana* ‘Aurescens’）は、イチイの変種であるキャラボクの栽培品種で、キャラボクと比較して枝葉は一回り小さく、樹高は1m程度、樹形は半球形になる。新梢は鮮やかな黄金色で、後に黄緑色あるいは緑色に変化する。若木の新梢は年間10～15cm伸びる。根は地表近くに密生する上根で、酸素を好み過湿を嫌うため、盛り土するか傾斜地に植えつけたい。ヨーロッパイチイ

アブラスギとその球果。球果は整った姿でよくオーナメントに利用される

01　イチイ
02　イチイを利用した生け垣（アンディ＆ウィリアムス ボタニックガーデン）
03　‘黄金キャラボク’

04　トランポリン形に刈り込まれたヨーロッパイチイ
05　‘サマーゴールド’（初夏）
06　‘サマーゴールド’（冬）
07　‘ファスティギアータ’（オランダ・ユトレヒト）
08　‘ファスティギアータオーレア’（オランダ・リッセ）

‘ファスティギアータ’（*T. baccata* ‘Fastigiata’）は、ヨーロッパからヒマラヤにかけて分布するヨーロッパイチイの栽培品種で、樹高は3～5 m、樹形は円筒形になる。株元から長い枝が多数直上し、小枝も分枝後直上する。黄葉の‘ファスティギアータオーレア’（‘Fastigiata Aurea’）や新梢が黄金色で盃状に伸びる‘サマーゴールド’（‘Summer Gold’）も美しい。

ヒノキ科ホソイトスギ属 (*Cupressus*)

アリゾナイトスギ　*C. arizonica*　◎ 高 庭公

北アメリカ原産の常緑高木。乾燥地域に適応するよう鱗葉は太く、根は地中深く伸びる。枝葉から刺激的でさわやかな香りを放つ。樹形は円錐《えんすい》形になる。栽培品種の‘ブルーアイス’(‘Blue Ice’)は、樹高5 m程度で、樹形は広円錐形になる。主幹は直上し、枝は斜上あるいは水平に伸長する。鱗葉は白色のワックスがのり、銀白色で観賞性が高い。ワックスは風雨

01　‘ブルーアイス’
02　‘ブルーアイス’のスタンダード仕立て
03　枝垂れ性の‘グラウカペンデュラ’
04　‘サルフレア’(冬)
05　‘ブルーアイス’の球果

などで徐々にはがれ落ちるため、次第に緑色が強まる。根量に比して地上部の生育が旺盛なため、強風で倒伏しやすい。定植後は自立するまで支柱に誘引固定する。時々刈り込み、地上部のボリュームを制限すると良い。繁殖は3月に前年枝を挿し木するか共台に接ぎ木する。若木の新梢は年間30～50cm伸びる。トピアリー、シンボルツリー、フラワーアレンジメントの花材などに向く。枝垂《しだ》れ性の栽培品種‘グラウカペンデュラ’（‘Glauca Pendula’）は、誘引次第で様々な樹形になる。また、放任するとそれ以上高くならないため、維持管理が容易である。鱗葉は白色のワックスがのり、銀白色で観賞性が高い。シンボルツリーの脇役としておすすめである。‘サルフレア’（‘Sulfurea’）は、樹高4～5m、樹形は円錐形になる。生育は比較的遅く、鱗葉は黄色あるいは灰色を帯びて、冬でもあまり変色しない。

イタリアイトスギ *C. sempervirens* ◎ 中 鉢庭公

西アジア、南ヨーロッパ、地中海原産の常緑高木。「セイヨウイトスギ」ともいう。アリゾナイトスギと比べ、枝葉は繊細である。地中海地域、オーストラリア、ニュージーランドなどでは、庭木として植栽される。自然樹高は20mを超え、狭円錐《きょうえんすい》形になる。ゴッホが画題としてよく描いたイトスギは本種である。栽培品種の‘スワンスゴールデン’（‘Swane's Golden’）は、樹高4～5m、樹形は狭円錐形あるいはロケット形になる。主幹は直上し、枝は上向きに伸長する。野生種に比べて枝葉が細かく密生する。鱗葉は黄色あるいは黄金色で、ひときわ目をひく。耐寒性はやや劣り、関東地方北部以北や高冷地では露地での越冬が困難である。若木の新梢は年間20～30cm伸びる。繁殖は2月から3月に前年枝を挿し木する。列植、寄せ植え、ロックガーデンなどに向く。葉が灰緑色の‘グラウカ’（‘Glauca’）や筆者が作出した‘エレガンスブルー’（‘Elegance Blue’）も観賞性が高い。

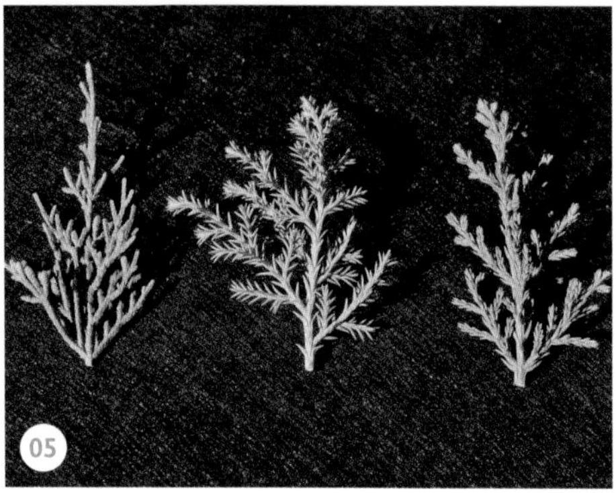

01 イタリアイトスギ（スペイン・マドリード）
02 ‘スワンスゴールデン’（オーストラリア・メルボルン）
03 ‘グラウカ’の球果
04 著者作出の‘エレガンスブルー’を利用した生け垣
05 イタリアイトスギの針葉。左から‘グラウカ’‘シャイニングブルー’‘エレガンスブルー’

カシミールイトスギ *C. cashmeriana* ◎ 高 庭公

ヒマラヤ東部原産の常緑高木。イトスギの仲間の鱗葉は先端部が丸みを帯びるものが多いが、本種は触れた時に痛いほどではないが尖る。主幹は立ち上がり、樹形は円錐《えんすい》形になる。枝葉は灰緑色で柔らかく、下垂し、シダレヤナギのように風で揺れる。寒さに弱いため、山間部を除く関東地方以西に適する。挿し木、接ぎ木で繁殖する。

カシミールイトスギ

モントレーイトスギ *C. macrocarpa* ◎～◐ 中 鉢庭

アメリカ合衆国のカリフォルニア州モントレー原産。常緑高木。生育が旺盛で、現地では樹高30 m以上になる。枝葉から柑橘系のすばらしい香りを放つ。栽培品種が多数作出されており、代表的な‘ゴールドクレスト’（‘Goldcrest’）は、観葉鉢物として普及している。枝葉からサンショウに似た芳香を放つ。露地植えの樹高は6 m以上、樹形は円錐《えんすい》形になる。主幹は柔らかで、枝は斜上して密生する。葉色は鮮やかな黄緑色あるいは黄金色で、霜にあたるとやや橙色を帯びる。鱗葉と針葉、あるいは混合タイプがある。生育旺勢で、若木の新梢は年間30～40cm伸びる。根量に比して地上部の生育が旺盛なため倒伏しやすく、雨や夜露にあたると病気になりやすいため、露地植えは控えたい。あまりおすすめはしないが、もし露地植えするのであれば、鱗葉タイプの系統を選択し、頻繁に刈り込んで地上部のボリュームを制限するのが良い。繁殖は1月から3月に前年枝を挿し木する。トピアリー、寄せ植え、フラワーアレンジメントの花材などに向く。葉がより細かく柔らかい‘ウイルマ’（‘Wiluma’）も人気がある。

01 ‘ゴールドクレスト’のスパイラル仕立て
02 ‘ゴールドクレスト’の団子作り
03 樹齢40年ほどの‘ゴールドクレスト’（鱗葉タイプ）
04 ‘ゴールドクレスト’の針葉
05 スリムな樹形に刈り込まれた‘ゴールドクレスト’
06 ‘ウイルマ’

ヒノキ科ヒノキ属（*Chamaecyparis*）

サワラ　*C. pisifera*　◎ 高 庭公

福島県以西の本州原産。常緑高木。強健で生育が旺盛であり、わが国では造林用の樹木として植林される。材質は柔らかく加工しやすいため、桶、おひつ、玩具などに使われる。枝葉にぜんそくの一要因となるイエダニに有効な殺ダニ成分が含まれていることで注目されている。栽培品種の‘フィリフェラオーレア’（‘Filifera aurea’）は、「黄金ヒヨクヒバ」とも呼ばれる。鱗葉は糸状で黄金あるいは黄色、枝に垂れ下がるようにつく。放任すると樹高７m、樹形は円錐《えんすい》形になり、存在感がある。病害虫も少なく、管理が楽である。繁殖は１月から３月に前年枝を挿し木する。グランドカバーとしての利用が多いが、本来は勢いのある幹が立ち上がり、大きくなりやすいために注意が必要である。寄せ植え、ロックガーデン、フラワーアレンジメントの花材に向く。‘ゴールデンモップ’（‘Golden Mop’）は、‘フィリフェラオーレア’の枝変わりから生じた栽培品種で、勢いのある幹が立ちにくく樹高は１～２m程度、樹形は半球形を呈する。葉色は‘フィリフェラオーレア’より鮮やかでしかも生育が遅いため、グラ

01　‘フィリフェラオーレア’（冬）
02　‘フィリフェラオーレア’を利用したグリーンベルト

ンドカバーに向いている。‘ボールバード’（‘Boulevard’）は、柔らかい針葉の‘スクアローサ’（‘Squarrosa’）の枝変わりから生じた品種で、樹高5～7m、樹形は円錐形になる。葉色は青緑色で美しい。発音の違いから、「ブールバード」あるいは「ブルーバード」とも呼ばれることがある。針葉はややカールし、葉色は緑青色で、葉裏は灰白色、冬はややベージュを帯びる。株内部の葉が枯れやすいため、肥料切れや水切れを起こさないよう管理し、枯れ込みを見たら早目に除去する。シンボルツリー、寄せ植え、鉢物、フラワーアレンジメントの花材に向く。

03 ‘ゴールデンモップ’
04 植えつぶして植栽された‘ゴールデンモップ’
05 緑青色と葉裏の灰白色が特徴の‘ボールバード’

ヒノキ *C. obtusa*　◎～◐ 高 庭公

福島県以西から九州地方原産の常緑高木。日本ではスギに次いで植林される。材は緻密で、耐久性に富む。現存する世界最古の木造建築物である法《ほう》隆《りゅう》寺《じ》（奈良県生駒町）は、本種の材からできている。栽培品種の‘カマクラヒバ’（‘Breviramea’）は、樹高3～4 m、樹形は狭《きょう》円《えん》錐《すい》形になる。鱗葉は濃緑色で、枝は短く密生し、刈り込みに耐えるため、生け垣や鉢物に向く。年間20～30cm伸びる。繁殖は1月から3月に挿し木する。‘クリプシー’（‘Crippsii’）は樹高4～5 m、円錐形になる。主幹は直上し、枝は斜上あるいは水平に伸びる。鱗葉は年中黄金色で、特に冬は鮮やかである。枝数が多く、刈り込みに耐えることから、生け垣、街路樹や自然形のまま広い場所に植えられる。‘ナナグラシリス’（‘Nana Gracilis’）は

01 ‘クリプシー’の枝葉
02 円錐形に刈り込まれた‘クリプシー’
03 ヒノキ（左）とサワラ（右）の葉裏

樹高1m程度、樹形は円錐形になるが、苗木のうちは主となる幹が立ち難い。鱗葉は濃緑色で、冬も変色しない。枝数が多く枝葉が密生する。欧米のドワーフ・コニファーガーデン（小型の針葉樹ばかりで作られた庭）で必ず目にする品種である。‘ナナルテア’（‘Nana Lutea’）は黄色の矮性《わいせい》種で、生育は‘ナナグラシリス’より劣り、年間5～10cm程度である。樹高は1m、樹形は円錐形になるが、苗木は主となる幹が立ち難い。日陰では黄色の発色が悪く、黄緑色や緑色になる。‘グロボーサバリュガータ’は、緑色地に白斑が入る矮性種で、自然に丸くなる。

04 ‘ナナグラシリス’
05 ‘ナナルテア’（夏）
06 白斑の入る‘グロボーサバリュガータ’（冬）

ヌマヒノキ *C. thyoides* ◎ 高 庭

北アメリカ大西洋側の湿潤地の原産。常緑高木。「ホワイトシダー」とも呼ばれる。湿潤地原産であるが、乾燥地でも栽培可能。‘バリェガータ’（‘Variegata’）は樹高5 m以上、自然に円錐《えんすい》形となる。鱗葉は緑色地に黄斑が入る。まれに一枝全部黄色の枝が出ることがあるが、この部分は光合成ができず生育できないため、切除する。挿し木で殖やすが、挿し穂は斑が均等に入った部分を用いる（p.106）。‘グラウカ’（‘Glauca’）は、‘バリュガータ’の葉色が灰青色に置き換わったような形質で美しい。苗のうちは上方への生育が旺盛なため、節間が長くなりボリューム感に欠けるが、数回刈り込むと枝葉が密な株に仕上がる。‘パープルフェザー’(‘Purple Heather’）は、「レッドスター」の名で流通する。矮性《わいせい》種で、樹高は2 m以下、狭円錐形になる。針葉は幅広で青緑色だが、冬の寒さを受けると赤紫色になり、人目を引く。

ローソンヒノキ *C. lawsoniana* ◎ 高 鉢庭

アメリカ合衆国のカリフォルニア州とオレゴン州が接する地域に原産。常緑高木。欧米では庭に好んで植栽される。さまざまな形態の栽培品種が作出されているが、日本での夏越しは苦手である。‘エルウッディ’（‘Ellwoodii’）は「シルバースター」の名で鉢物として流通する。主幹、側枝ともに直上し、庭植えすると樹高は1～2 m、狭円錐《きょうえんすい》形になる。針葉は淡い緑青色で、枝葉は柔らかい。欧米では前庭などに植栽されるが、雨の多い日本では、かびて枯れ込むために庭植えに向かない。挿し木で繁殖し、発根は容易である。‘コルムナリスグラウカ’（‘Columnaris Glauca’）は主幹、側枝とも直上し、樹高3～4 m、狭円錐形になる。分枝が旺盛で、鱗葉は鮮やかな青色あるいは緑青色になる。夏の暑さや過湿に弱く、移植も困難である。傾斜地や盛り土部分に植えると良い。

01 ヌマヒノキ‘パープルフェザー’（夏）
02 冬、赤紫色を帯びた‘パープルフェザー’
03 ‘グラウカ’の球果

04 ローソンヒノキ‘グラウカ’
05 ‘コルムナリスグラウカ’
06 ‘グラウカ’の列植

ヒノキ科 レイランドヒノキ属

レイランドヒノキ　×*Cupressocyparis leylandii*　◎ 高 鉢庭

モントレーイトスギ（*Cupressus macrocarpa*）とアラスカヒノキ（*Chamaecyparis nootkatensis*）の属間交雑種。常緑高木。生育旺盛で、樹高は20 m以上、樹形は円錐《えんすい》形になる。主幹は直上し、上方伸長が旺盛なため節間が長くなり、若木はボリューム感に欠ける。鱗葉は緑色あるいは青みを帯びた緑色で、冬も変色しない。刈り込みに耐えるため、トピアリーや生け垣に向く。挿し木で繁殖する。その栽培品種である‘ゴールドライダー’（‘Gold Rider’）の葉は、日当たりが良いと年中黄金色で、特に冬は鮮やかである。一方、日陰では発色が悪い。樹高は3～4 m、円錐形になる。数回刈り込むと枝葉が密生し、ボリューム豊かになる。‘シルバーダスト’（‘Silver Dust’）の葉は、濃緑色地に乳白色の斑が全体的に入る。樹高は3～4 m程度になる。

01　レイランドヒノキの針葉
02　‘シルバーダスト’
03　円錐形になるレイランドヒノキ

04　‘ゴールドライダー’(冬)
05　きれいに刈り込まれたレイランドヒノキ

ヒノキ科クロベ属（*Thuja*）

ニオイヒバ　*T. occidentalis*　◎ 中 鉢庭

北アメリカ東部原産の常緑中高木。小枝はヒノキ状に水平に展開し、枝葉からパイナップルのような芳香を放つ。欧米では庭木として人気が高い。栽培品種の‘スマラグ’（‘Smaragd’）は、日本では「エメラルド（エムロウド）Emeraud」の名で流通する。ニオイヒバの中で最も普及している品種で、樹高3～4 m、樹形は円錐《えんすい》形になる。鱗葉は光沢のある濃緑色で、冬はややベージュを帯びる。数年植えっぱなしにすると、強い側枝が伸び出し、複数の頂芽を持つ株になるため、強い側枝は見つけ次第切りつめる。繁殖は1月から3月に挿し木する。アプローチ沿いの列植、生け垣や観葉的な鉢物に向く。‘デグルーツスパイアー’（‘Degroots Spire’）は、主幹、側枝とも直上し、樹高4 m、ロケットのような狭円錐形になる。

鱗葉は、春から秋にかけては濃緑色、冬はベージュを帯びる。'ウッドワーディ'('Woodwardii')は、樹高は1.5 m程度、鱗葉は緑色、冬はベージュあるいは褐色になる。樹形は自然に丸くなる。挿し木後2〜3年で丸くなり始め、10年程度で樹高、玉の直径が1 m程度になる。数回刈り込むと緻密な株に仕上がる。'ヨーロッパゴールド'('Europe Gold')も普及している栽培品種で、樹高4〜5 m、樹形は狭円錐形になる。新梢は黄金色で夏は黄緑色になり、冬は橙色を帯びた黄色に変化する。刈り込むと枝葉が密でボリューム豊かな株に仕上がる。'ラインゴールド'('Rheingold')は'エルワァンゲリアーナオーレア'('Ellwangeriana Aurea')の幼葉、つまり針葉部分を選抜品種化したもので、生育中に成葉と同じ鱗葉が発生することがある。樹高は最終的に2〜3 m。樹形は始め半球形、その後主幹が立ち上がって円錐形になる。鱗葉は春から秋にかけては黄金色、冬は銅色を帯びた黄色になる。現在は密植してグラウンドカバーに利用されているが、株同士が接すると蒸れやすいために株間を十分あけるのが良い。'ホルムストラップイエロー'('Holmstrup Yellow')は、'ヨーロッパゴールド'に似るが、枝葉がより緻密で、他種が冬枯れしている時に鮮やかな黄金色となり、ひときわ目を引く。

01　'スマラグ'
02　'スマラグ'の枝葉
03　ニオイヒバの球果

04 ‘ヨーロッパゴールド’
05 冬に色づいた‘ヨーロッパゴールド’
06 ‘デグルーツスパイアー’
07 ‘ラインゴールド’の庭植え（オランダ・ユトレヒト）
08 銅色を帯びた色づきが美しい冬の‘ラインゴールド’
09 自然に丸くなる‘ウッドワーディ’
10 ‘ホルムストラップイエロー’（夏）
11 冬、黄金色に輝く‘ホルムストラップイエロー’

ベイスギ *T. plicata* ◎ 高 鉢庭

北アメリカ太平洋側原産の常緑高木。自然樹高は50 mを超えるものもある。材はスギに似て赤みを帯びる。ニオイヒバ（p.51）と近縁で、枝条から甘い芳香を放つが、筆者はこの芳香が、針葉樹の中で最も甘く、心地良い香りだと感じる。'ゼブリナ'（'Zebrina'）は、樹高6 m、樹形は円《えん》錐《すい》形になる栽培品種。鱗葉は平たく光沢があり、新梢時には乳黄色の、シマウマの模様のようなゼブラ模様が入る。冬はややベージュを帯びる。'ゼブリナ・エクストラ・ゴールド'（'Zebrina Extra Gold'）は、「'アイリッシュゴールド'（'Irish Gold'）」とも呼ばれる。鱗葉は緑色地に、先端に鮮やかな黄色の斑が覆輪《ふくりん》状に入り、その美しさはベイスギの中でトップクラスである。冬は全体的に褐色を帯びるが、黄色の斑はむしろ強調される。枝葉に触れると甘酸っぱい'ゼブリナ'より質の高い芳香を放つ。

01 'ゼブリナ'（初夏）
02 'ゼブリナ'（冬）
03 斑が入る姿が美しい'ゼブリナ・エクストラ・ゴールド'

ヒノキ科コノテガシワ属 (*Platycladus*)

コノテガシワ　*P. orientalis*　◎~◐ 高 鉢庭

中国原産の常緑中高木。強健で乾燥や寒さに強く、欧米では庭園や生け垣に使われる。原産国の中国では､寺院や廟に植えられることが多い。また、枝葉を線香の原料としたり､その種子は「柏子仁（ハクシニン､ハクシジン）」と呼ばれ、漢方薬に使われる。‘エレガンティシマ’（‘Elegantissima’）は黄緑葉の栽培品種で、樹高4～5 m、樹形は円錐《えんすい》形あるいは狭円錐形になる。主幹、側枝ともに直上し、枝葉を密につける。枝葉は平べったく、他の枝葉と平行に伸びる。鱗葉は、新梢時は鮮やかな黄金色、後に黄緑色に変わり、冬は赤茶色あるいは褐色になる。また、萌芽力が強く、刈り込みにも耐えることから、生け垣に適する。若木の新梢は年間30～50cm伸びる。繁殖は1月から3月に前年枝を挿し木する。生け垣のほかに、列植、シンボルツリー、インドア用鉢植木、フラワーアレンジメン

01　刈り込まれたコノテガシワを中心にしたアプローチ
02　生け垣に利用された‘エレガンティシマ’
03　胴吹きしたコノテガシワ。萌芽力が強い

トの花材と用途が多い。冬でも変色しない‘コレンスゴールド’（‘Collens Gold’）もある。‘フィリフォルミス’（‘Filiformis’）は、樹高2～3m程度、樹形は半球形あるいは広円錐形になる。しかし、一般には共台に高接ぎし、スタンダードに仕立てる。鱗葉は糸状で黄緑色、冬はベージュを帯びて下垂する。‘ローズダリス’（‘Rosedalis’）は樹高2m程度、樹形は卵形あるいは長楕円形になる。枝は株元から多数分枝し、直上または斜上する。短く柔らかな針葉が密生し、全体的にモコモコとして愛らしい。新梢は黄緑色、後に灰色を帯びた緑色に変わり、冬は「ローズダリス」の名が示すとおりバラ色、すなわち赤紫色になる。年間20～25cm伸びる。時折、先祖返りし、鱗葉に戻ることがあるため、見つけ次第切り取る。

04　‘フィリフォルミス’のスタンダード仕立て
05　‘ローズダリス’（東武ワールドスクウェアにて）
06　冬、赤紫色を帯びた‘ローズダリス’
07　コンペイトウの形状をした‘コノテガシワ’の球果

ヒノキ科ネズミサシ属 (*Juniperus*)

ビャクシン *J. chinensis* ◎ 高 鉢庭公

カイヅカイブキの球果

日本の本州から朝鮮半島、中国の東南部原産。常緑高木。伊吹《いぶき》山（滋賀県米原市）に自生することから「イブキ」の和名があるが、一般的には「ビャクシン」の名で通っている。神社仏閣に植えられることが多く、樹高20mを超えるものも見られる。基本、鱗葉であるが、強く剪定すると先祖返りし、触ると痛い針葉が発生する。雌雄異株《いかぶ》が多いが、まれに同株も見られる。グリーンピースのような果実をつける。栽培品種の‘カイヅカイブキ’（‘Kaizuka’）は、日本で最も普及しているビャクシンで、樹高は最終的に10m以上、樹形は円錐《えんすい》形になる。鱗葉は濃緑色で、冬も変色しない。幹や枝は時計回りに旋回斜上する。‘カイヅカブルー’（‘Kaizuka Blue’）は、‘カイヅカイブキ’から選抜されたもので、鱗葉が青みを帯びる。‘ブルーポイント’（‘Blue Point’）は、針葉と鱗葉が混在する栽培品種で、葉は青みを帯びる。樹高は4m、樹形は広円錐形になる。‘斑入りストリクタ’（‘Stricta Variegata’）は、樹高4m、樹形は円錐形あるいは狭円錐形になる。青みを帯びた針葉と鱗葉が混在し、そこに黄白色の斑が不均一に入る。

01

02

03

01 時計回りに旋回しながら枝を伸ばす‘カイヅカイブキ’
02 ‘カイヅカブルー’
03 ‘斑入りストリクタ’

アメリカハイビャクシン　*J. horizontalis*　◎ 低 鉢庭

北アメリカ原産の常緑低木（這性）。地を這《は》うように広がり、接地点から発根し、さらに勢力を拡大する。グランドカバーとして需要が多い。‘ウイルトニー’（‘Wiltonii’）は、匍匐性ビャクシンの代表格で、枝は放射状に這い広がり、直径3～4 mになる。凹凸面もその形状に沿って這い広がる。春から秋は灰緑色あるいは青緑色、冬は紫色を帯びる。‘マザーローデ’（‘Mother Lode’）は‘ウイルトニー’の芽条変異部分から選抜された栽培品種。匍匐《ほふく》性の黄葉の栽培品種で、枝は放射状に伸び、凹凸面もその形状に沿って這い広がる。分枝が旺勢で、枝葉が密生するため緻密なグラウンドカバーを形成する。春から秋は黄金色、冬は橙色を帯びる。夏場の強光と乾燥で葉焼けを起こすことがあるため、西日を避ける工夫を施す。挿し木で繁殖する。両種の混植は美しくおすすめである。

エンピツビャクシン　*J. virginiana*　◎ 高 鉢庭

北アメリカ東部原産の常緑高木。現地では鉛筆の材として利用されることで「Pencil sedar」と呼ばれる。幹は直上し、綺麗な円錐《えんすい》形になる。幼木のうちは針葉、老木になるにつれ鱗葉に変わる。‘グレイオウル’（‘Grey Owl’）は樹高1～1.5 m、直径3 m前後になり、樹形は盃状になる。枝は放射状に伸びて斜上し、側枝は水平あるいは斜上する。分枝が旺盛で、枝葉が密生する。鱗葉は灰青色あるいは灰青緑色で、冬でも変色しない。刺状の鱗片が少ないため、触っても痛くない。挿し木で繁殖する。‘バーキィー’（‘Burkii’）は樹高7 m、樹形は円錐形になる。鱗葉は細く短く、比較的柔らかであるが、刺状の鱗片があるため、不意につかむと痛い。春から秋にかけては青みを帯びた緑色、降霜時は赤紫色あるいは紫色に変色する。低照度下では青みが増し、葉は針状に展開する。

01 灰緑色の葉色をしたアメリカハイビャクシン‘ウイルトニー’(右)から派生した‘マザーローデ’(左)は黄色の葉が美しい
02 ‘ウイルトニー’と‘マザーローデ’との混植（冬）

03 エンピツビャクシン‘グレイオウル’
04 ‘グレイオウル’の球果
05 エンピツビャクシン‘バーキー’
06 冬の‘バーキー’の枝葉

コロラドビャクシン *J. scopulorum* ◎ 高 鉢庭

北アメリカ原産の常緑小高木。樹皮は初め赤褐色で、後に灰色になる。鱗葉は暗緑色や灰緑色で、先は尖《とが》るが、触っても痛くない。‘スカイロケット’（‘Skyrocket’）は古くから人気《にんき》のある栽培品種で、樹高は 3 ～ 4 m、その時の樹冠径は50～ 60cm と、樹形はロケット形になる。ただし、老木になると樹形が乱れやすい。主幹、側枝とも直上する。鱗葉は青緑色で、冬はややベージュを帯びる。枝葉は水分や肥料不足で観賞性が低下する。‘ブルーアロウ’（‘Blue Arrow’）は‘スカイロケット’に似るが、鱗葉は青緑色で、‘スカイロケット’より青みが強い。冬はややベージュを帯びる。‘ブルーヘブン’（‘Blue Heaven’）は人気のある栽培品種で、樹高は 4 ～ 5 m、樹形は狭円錐形《きょうえんすいけい》あるいは円錐形になる。幼木のうちは枝葉がまばらでボリューム感に欠ける。日当たりを好み、低照度下では生育が劣る。鱗葉は灰白色を帯びた緑青色の‘ブルーエンジェル’（‘Blue Angel’）は‘ブルーヘブン’をスリムにした樹形で、葉色は灰白色を帯びた青緑色、冬でも色は変わらない。‘ムーングロウ’（‘Moonglow’）は、高さ 3 ～ 4 m、狭円錐形になる。鱗葉は‘ブルーヘブン’より細く繊細で、柔らかく、葉色は灰青色、冬は紫色を帯び美しい。近年、フラワーアレンジメント用花材として人気がでてきた。

セイヨウネズ *J. communis* ◎ 中 鉢庭

セイヨウネズには変種や亜種が多く、それらを合わせるとほぼ北半球全土に自生する。常緑中低木。その果実は、「ジュニパーベリー（Juniper berry）」と呼ばれ、乾燥させたものがスパイスとしてジンの香りづけに使われる。ビャクシン類はナシやリンゴに害を与える赤星病菌の中間宿主であり、産地では植栽が規制されているが、セイヨウネズは中間宿主とならない。実生《みしょう》あるいは挿し木で繁殖する。栽培品種‘レパンダ’（‘Repanda’）は匍匐《ほふく》性の矮性《わいせい》種で、グランドカバーに向く。赤みを帯びた枝に小枝が多数分枝し、内側にややカールした針葉が密生する。針葉は触っても痛くなく、初め明るい緑色、後に濃緑色になり、冬はベージュを帯びる。‘センチネル’（‘Sentinel’）は、主幹、側枝とも直上し、樹形はロケット形になる。針葉は触ると痛く、表が濃緑色で葉裏が灰白色、全体的に灰緑色に見える。‘ゴールドコーン’（‘Gold Cone’）は‘センチネル’に似た樹形だが、新梢は黄金色、後に黄緑色となり、冬はベージュを帯びる。

01　コロラドビャクシン‘スカイロケット’
02　‘ブルーヘブン’の列植
03　コロラドビャクシン‘ブルーエンジェル’を利用した生け垣
04　コロラドビャクシン‘ブルーアロー’
05　セイヨウネズ‘ゴールドコーン’
06　匍匐性のセイヨウネズ‘レパンダ’

ニイタカビャクシン　*J. squamata*　◎ 中 鉢庭

中国の西部、台湾の高山帯、ヒマラヤ山脈原産。常緑低木。枝葉は、水平もしくは斜上して幾重にも重なり、針葉を密につける。グランドカバーや高木の根締めに使われる。‘ブルーカーペット’（‘Blue Carpet’）は、樹高1m以下、枝は放射状に伸びて直径2～3mになる栽培品種。主枝は横方向に伸び、小枝が多数分枝する。小枝は水平に伸びるかやや下垂し、幾重にも重なる。針葉は春から秋にかけて灰青色あるいは青緑色、冬は茶色あるいは紫色を帯びる。強健であり、枝葉の発生も多く緻密なグランドカバーを形成する。1～3月に前年枝を挿し木する。‘ブルースター’（‘Blue Star’）は、‘ブルーカーペット’をコンパクトに縮めたような矮性《わいせい》の栽培品種で、樹高は30～50cm、直径1m程度。樹形は自然に半球形になる。針葉は灰青色あるいは青緑色で、冬はやや紫茶色を帯びる。日当たりを好み、低照度下では生育が劣る。‘ドリームジョイ’（‘Dream Joy’）は、新梢が黄金色、後に黄緑色になり、冬は褐色を帯びる。樹形は盃状で横方向に良く伸びる。

ハイネズ　*J. conferta*　◎ 低 鉢庭公

沖縄や四国地方を除く日本のほぼ全域に自生。常緑低木（這性）。枝は匍《ほ》匐《ふく》し、接地点から発根し、さらに這《は》い広がる。潮害に極めて強く、波打ち際に生えることもある。‘ブルーパシフィック’（‘Blue Pacific’）は人気の栽培品種で、針葉は青みを帯びた緑色、裏面は灰白色を帯びる。‘ゴールデンパシフィック’（‘Golden Pacific’）は、‘ブルーパシフィック’の枝変わりを森重卓也氏が選抜、品種化したもので、針葉は、春から夏は黄金色、冬は橙色を帯びる。生育は‘ブルーパシフィック’の2分の1程度。‘サンスプラッシュ’（‘Sunsplash’）は、緑葉に黄斑が入る品種で、生育は‘ブルーパシフィック’の3分の1程度である。

01　ニイタカビャクシン‘ブルーカーペット’を利用したグリーンベルト
02　晩秋の‘ブルースター’
03　‘ドリームジョイ’

04　春、黄金色に輝くハイネズ‘ゴールデンパシフィック’
05　‘サンスプラッシュ’
06　ハイネズによる屋根緑化
07　‘ブルーパシフィック’のグリーンベルト

ハイビャクシン *J. procumbens* ◎ 低 庭公

九州地方から朝鮮半島原産の常緑低木。「ソナレ」とも呼ばれる。匍匐《ほふく》性種で、崖地では垂れる。樹高は1m弱、枝は放射状に広がり、接地点から根を出す。幼木は針葉の割合が高いが、老木になるにつれて鱗葉の割合が高まる。葉色は灰緑色で年中変わらない。潮害に極めて強く、海岸植栽に向いている。実生《みしょう》あるいは挿し木で繁殖する。ハイビャクシンより矮性《わいせい》で、針葉が短く太く灰緑色の‘ナナ’（‘Nana’）や、新梢時は鮮やかな黄金色、後に橙色になる‘ナナオーレア’（‘Nana Aurea’）がある。

01 アプローチに沿って植えられたハイビャクシン
02 水辺の修景に用いられたハイビャクシン
03 刈り込まれた‘ナナ’
04 ‘ナナオーレア’の植えつぶし

フィッエリアナビャクシン　*J.* × *pfitzeriana*　◎ 中 庭公

ビャクシンとサビイナビャクシン（*J. sabina*）の種間雑種。常緑低木。強健で枝は斜上し、盃状の樹形になる。‘セイブロックゴールド’（‘Saybrook Gold’）は中型の栽培品種で、樹高は1 m、直径2 m程度になる。主枝は放射状に斜上し、側枝も斜上あるいは水平に伸長する。分枝が旺勢で、株の内部が見えないほど枝葉が密生し、小枝の先はやや垂れる。針葉は春から秋は黄金色、冬は黄色になり、年間通して観賞性が高い。挿木で繁殖する。‘フィッエリアナオーレア’（‘Pfitzeriana Aurea’）は大型になる栽培品種で、樹高は2～3 m、直径は4 m、樹形は盃状になる。主枝は放射状に斜上し、側枝も斜上あるいは水平に伸長する。新梢は黄金色、夏は黄緑色になり、冬はベージュを帯びる。‘オールドゴールド’（‘Old Gold’）は小型の品種で、樹高は1 m、直径は1.5 mになる。春から秋は黄金色、冬はベージュを帯びる。‘ブルーアンドゴールド’‘Blue and Gold’は小型の品種で、灰青色地に黄色の斑が入る。生育は‘オールドゴールド’に似る。挿し穂の採種位置で形質が異なるため、青と斑が均等に入った部分を採穂する（p.106, 107）。

01　‘フィッエリアナオーレア’
02　‘オールドゴールド’
03　‘ブルーアンドゴールド’の斑の入り方いろいろ。挿し穂には右端がベスト

ナンヨウスギ科ウォレミマツ属（*Wollemia*）

ウォレマイ・パイン　*W. nobilis*　◎~◐ 中 鉢

オーストラリアのウォレマイ国立公園で、1994年に発見された常緑高木。日本では「ジュラシックツリー」（Jurassic Tree）の名で流通する。世界最古の種子植物とされている。現地では30mを超す巨木になる。葉は主幹から輪生し、葉軸から線形の小葉が2列に互生する。熱帯ジャングルを思わせる景観を演出することができる。やや暑がるため、明るめの半日陰下での栽培がおすすめである。

ナンヨウスギ科ナンヨウスギ属（*Araucaria*）

シマナンヨウスギ　*A. heterophylla*　◎~◐ 高 鉢公

ノーフォーク島原産の常緑高木。「ノーフォークパイン」とも呼ばれる。樹高は、現地では最大60mに達するが、日本では7～8m。千葉県以西の暖地の海岸植栽や観葉鉢物としての利用が多い。幹はまっすぐ伸び、均整のとれた円錐《えんすい》形になる。年5～6枝輪生し、針葉は光沢があり、触っても痛くない。

チリーマツ　*A. araucana*　◎ 中 庭

アルゼンチン、チリなどのアンデス山脈原産の常緑高木で、「モンキーパズル（Monkey puzzle）」とも呼ばれる。樹高は雌木が20m、雄木が10mになり、樹形は広円錐《えんすい》形になる。主幹は直上し、枝が4～8本ずつ輪生する。葉は革質、濃緑色で触るとものすごく痛い。球果は巨大な卵球形で、長さ10～20cmになる。苗の生育は遅く、樹高が1mを超えると年間20～30cm伸びるようになる。実生《みしょう》で繁殖するが、挿し木もできる。ただし、上向きの枝を挿さないと主幹が立ち難い。

ウォレマイ・パイン。雪を被った姿も様になる

03　シマナンヨウスギが点在するニュージーランド・オークランド市街
04　均整の取れた樹形のシマナンヨウスギ
05　チリーマツを中心にした庭（オランダ・ボスコープ）

ヒノキ科スギ属（*Cryptomeria*）

スギ　*C. japonica*　◎ 高 庭

青森県から鹿児島県の屋久島にかけて原産。常緑高木。日本固有種で、造林用として重要な樹である。スギ花粉由来の花粉症が全国的に広がりを見せ、問題になっているが、園芸的には日本庭園に植栽され、落ちつきのある雰囲気を醸し出している。栽培品種‘グロボーサ’（‘Globosa’）は極矮性《わいせい》品種で、樹高は60cm以下、樹形は始め半球形、後に主幹が立ち円錐《えんすい》形になる。針葉は短く緑色で、冬は茶褐色になる。‘メジロスギ’（‘Albospicata’）は「オキナスギ」とも呼ばれ、高さ2m程度、明るい黄緑色地で、新梢時は先端部が乳白色になる。‘オウゴンスギ’（‘Aurea’）は、新梢時黄金色、後に黄緑色になり、冬は橙色になる。‘セッカンスギ’（‘Sekkansugi’）は「雪冠杉」と漢字が当てられ、その名のとおり、新梢が雪を被ったかのような白色あるいは乳白色になる。夏以降は黄緑色になり、冬は茶褐色を帯びる。庭園植栽の他に花材としての需要も多い。‘ビロードスギ’（‘Birodosugi’）は極矮性品種で、樹高1m以下、樹形は円筒形になる。針葉は青味を帯びた濃緑色で、寒さを受けるとビロード色に染まる。

01　‘グロボーサ’（初夏）
02　冬、寒さで変色した‘グロボーサ’

03　‘メジロスギ’
04　黄金色に輝く初夏の‘オウゴンスギ’
05　寒さで変色した‘ビロードスギ’
06　「スギ玉」と呼ばれる球果
07　花卉市場にならぶ‘セッカンスギ’

ヒノキ科アスナロ属（*Thujopsis*）

ヒメアスナロ　*T. dolabrata* ‘Nana’　◎～◐ 低 鉢庭

福島県から九州地方にかけて原産するアスナロ（*T. dolabrata*）の栽培品種。常緑低木。樹高は1～2 m程度にしかならない矮性《わいせい》品種で、分枝が多く自然に半球形になる。鱗葉は野生種と比較して細く、緑色で光沢がある。新梢は年間10～20cm程度伸びる。挿し木で繁殖する。耐陰性が高いため、日陰地や屋内栽培に向く。乳白色の斑が全体的に入る‘フイリヒメアスナロ’（‘Nana Variegata’）も人気がある。

鉢物の‘フイリヒメアスナロ’

ヒノキ科ウスリーヒバ属（*Microbiota*）

ミクロビオタ　*M. decussata*　◎～◐ 低 庭

東シベリア原産の常緑低木。「ウスリーヒバ」とも呼ばれる。枝は横に張り出し、先端はやや下垂する。小枝はヒノキ葉状で平面的に分枝し、鱗葉は細く柔らかく、一見シダの葉のように見える。新梢時から秋は緑色あるいは濃緑色、降霜時は茶褐色になる。寒さにはとくに強い反面、耐暑性は劣るため、半日陰地や高木の下草的な利用に向いている。新梢は年間10～20cm伸びる。挿し木で繁殖する。

夏の鱗葉（上）と冬の鱗葉（下）

ヒノキ科ヌマスギ属 (*Taxodium*)

ラクウショウ　*T. distichum*　◎ 高 公

北アメリカ南部の湿原原産。落葉高木。「ヌマスギ」とも呼ばれる。樹高30m以上、綺麗な円錐《えんすい》形になる。葉は緑色で平たい線形、葉軸の左右に羽状につき、秋になると赤褐色に紅葉して落葉する。メタセコイアが男っぽい骨格であるのに対し、本種はより繊細で優美である。湿地や沼地では、地面から呼吸根を出し、酸素を取り入れている。実生《みしょう》で繁殖する。

01　‘ペンデュラ’
02　球果
03　地面から突き出た呼吸根

ヒノキ科スイショウ属（*Glyptostrobus*）

スイショウ　*G. pensilis*　◎高 庭公

中国の東南部の湿地原産。落葉高木。「イヌスギ」とも呼ばれる。水辺を好み、マツに似た葉を持つことからスイショウ（水松）と名づけられた。樹高 8～10 m、円錐《えんすい》形になる。針葉は緑色で、秋に褐色に紅葉し、葉と小枝の一部が落ちる。水中に生えると、時に呼吸根を出すことがある。球果は楕円形で枝先につき、秋に褐色に熟す。実生《みしょう》で繁殖する。

秋、色付き始めたスイショウ（赤塚植物園レッドヒル ヒーサーの森）

晩秋には褐色に染まる

ヒノキ科メタセコイア属（*Metasequoia*）

メタセコイア　*M. glyptostroboides*　◎高 公

中国の四川省から湖南省の1,000 m前後の高地に原産。落葉高木。「アケボノスギ」とも呼ばれる。主幹は直上し、高さ20 m、端正な円錐《えんすい》形になる。葉は線形で羽状に2列に対生する。緑色であるが、秋に黄褐色に紅葉し葉軸とともに落葉する。乾燥にはやや弱く、逆にある程度の湿地でも栽培が可能である。実生《みしょう》、挿し木で繁殖する。‘オウゴンメタセコイア’（‘Aurea’）は、芽出しは鮮やかな黄金色で、次第に黄緑色に変化し、秋に紅葉して落葉する。

‘オウゴンメタセコイア’

紅葉した並木が美しい

マキ科ナギ属 (*Nageia*)

ナギ　*N. nagi*　◎~● 高 鉢庭

日本の西南暖地から台湾、中国の南東部に原産。常緑高木。葉は楕円状の披針形をしていて、針葉樹とは思えない光沢がある革質で、強靭で横に割《さ》いても切れ難い。耐陰性は針葉樹の中でベスト3に入るであろう。千葉県以西では、露地植え可能であるが、北関東では少なくとも苗のうちは防寒対策が必要である。神木とされることも多く、神社仏閣に大木が残る。実生《みしょう》で繁殖される。

01

02

03

01　シンボルツリーに用いられたナギ
02　小鉢に仕立てられたナギ
03　葉は革質で光沢がある

マキ科イヌマキ属（*Podocarpus*）

アフリカマキ　*P. gracilior*　◎〜●　中　鉢

ウガンダ、ケニア周辺の亜高山帯原産。常緑高木。現地では樹高は15 mに達し、建築材として利用される。線形の葉はイヌマキより薄く繊細で、風が吹くとそよぐ。濃緑色で光沢があり、ナギとともに耐陰性が高く、鉢物としてインドアグリーンに最適である。無霜地帯では露地で越冬するが、その他の地域では冬季防寒対策を施す。実生《みしょう》および挿し木で繁殖するが、横枝を挿すと主幹が立ち難い。

耐陰性が強く、インドアグリーンとして期待されるアフリカマキ

イヌマキ　*P. macrophyllus*　◎〜●　高　鉢庭

西日本、中国の南東部原産。常緑高木。日本の太平洋岸の温暖地では生け垣や造形樹としてよく見かける。樹高は20 m以上、樹形は円錐《えんすい》形になる。葉は線形で濃緑色、光沢があり美しい。種子はグリーンピースに似ており、9月以降に熟す。種子の基部に花托《かたく》があり、緑色 → 赤色 → 紫色と順に変化する。雌雄異《しゆうい》株《かぶ》。栽培品種の‘アイシーブルー’（‘Ice Blue’）は、葉にワックスがのり、青白く見えて観賞性が高い。変種のラカンマキ（var. *maki*）は、イヌマキより小型で

推定樹齢500歳のイヌマキ（匝瑳市観賞園）

葉も小さく、繊細で生育も遅い。品格があり、優美である。‘オウゴンラカンマキ’（‘Aurea’）は、新梢がさわやかな乳黄色で人目を引き、時間の経過とともに黄緑色、緑色に変化する。

01　青味が強い‘アイシーブルー’
02　‘オウゴンラカンマキ’
03　果実
04　ローソク状に刈り込まれたイヌマキ
05　イヌマキを生け垣に利用

Chapter 03

コニファーの楽しみ方

ガーデニング

コニファーを植栽のメインにした庭「コニファーガーデン」を造りたい、という方は多くいらっしゃいます。コニファーは自然にしておいても樹形がある程度整うものが多く、さらに刈り込みや剪定などひと手間加えれば、希望の形に整えることができます。とはいえ、ただただ植えただけで放任しておくと大きくなりすぎますし、樹形も乱れやすいです。伸びが極端に遅く、樹高が高くならない矮性《わいせい》（ドワーフ）コニファーもありますが、日本ではその種類が限定され、皆さんが想い描くような植栽ができないことも。また、小さい株を植え込んだ場合には、植え込んだ当初は空間があき、さびしい景観になってしまいます。

そこで、それらの欠点を補うことができるように、背後にいくつかの高性のコニファーを配し、その手前に草花や花木を植え込むボーダー花壇と、コニファーと他の素材を組み合わせたコニファー主体のガーデン、また傾斜を利用したロックガーデンについて紹介しましょう。

コニファーガーデン（イギリスのフォギーボトムガーデン）

ボーダー花壇

横に長いフェンスや生け垣などが背後にあって、それに沿って手前に各種植物を植え込んだ花壇を「ボーダー花壇」といいます。そこで、背後に高性のコニファーを植栽し、一種の境界「ボーダー」を設けて庭を造ります。このような庭造りに適した高性のコニファーは、立性で横方向に枝が出にくく、日本の気候や病害虫に対して耐性があるものでしょう。たとえば、コノテガシワ‘エレガンティシマ’(p.55)、イタリアイトスギ‘グラウカ’(p.40)、ニオイヒバ‘デグルーツスパイアー’(p.51)などがあげられます。

横張性の種類でも、年に1、2回刈り込むことが可能であれば、これらと同様に植え込むことができます。例えばサワラやヒノキ(p.44, 46)などは上記のコニファーと比較して横方向に枝が出ますが、ボーダー花壇に用いて欲しいコニファーの一つです。

その時、コニファーを一直線つまり生け垣状に、しかも等間隔に植栽しなければ、と考える方が多いのですが、そのような固定観念にとらわれることなく、大株や小株を交えてジグザグや千鳥状に配置し、配色、高低、株と株の間隔も含めて自由な感性で配置して欲しいもの。その前に植え込む植物も、その地域で栽培可能なものの中から好みの色や形を選び植えてください。

のちの管理のことを考えて、背後のコニファーと手前の植物とのあいだに通路を設けることをおすすめします。

樹高が高い木を背後に、手前に低い植物を配したボーダーガーデンの例

コニファーを主体としたガーデン

コニファーを放任すると大きくなりすぎ、樹形も乱れやすいために、維持管理のための管理スペースが必要です。もし、庭にそのスペースが確保できるのであれば、様々な植物との混植が可能です。

とくに注意が必要なのは、小さい株を植栽し、そのまわりに高性の宿根草などを配した時です。宿根草の生育が勝ってしまい、まだ小さいコニファーを被圧することがあります。このような被圧の状態が数か月ほど続くとコニファーが枯れやすくなるため、株が生長するまでは十分注意してください。

一般的に、大きくなるコニファーは奥に、手前に向って中性、低性、這《はい》性と徐々に低いものを植栽することが多いのですが、手前にやや大き

コニファーガーデンのさまざま

01　様々なコニファーを家の周囲に植栽
02　きれいな配置、配色が目をひく

くなる種類を配すことで、遠近感の演出も可能になります。
　また春から秋の葉色と冬の葉色を考慮しながら、全体の色調を統一したり、逆にある樹の葉色を目立たせたりする演出も可能です。
　日本の植栽では、植栽完了＝完成形であることが求められますが、大きな株はそれ自体が高価であり、倒伏対策など活着までの養生も大変。それよりも数年後の庭造りの完成をめざし、初めは小さい株を植えつけ、そこで大きくする考え方を持って欲しいと思います。同じお金をかけるのであれば、大きな株を用意するのではなく、その分土壌改良に費用をまわしてください。小さな苗を植えても、すぐに大きくなり、しかも根張りなどが良くなります。

03　コニファーを主体に落ち着いた雰囲気を作り出している（オランダ・ボスコープ）
04　刈り込まれたコニファーを並べて
05　思い思いに植栽されたコニファー（十勝）

ロックガーデン

コニファーのなかには湿地に生えるものもありますが、キャラボクやマツ類、ヒノキ、ニオイヒバをはじめ、多くの種類は過湿を嫌います。一般的な家庭では問題なく栽培できるのですが、植え場所の土壌が粘質土であったり、排水が悪く、絶えず湿ったりしている場合には正常に生育しないことも。そこで平坦地に植栽する場合は、水が停滞しないような工夫が必要ですが、傾斜地であれば排水対策を施さなくてもかまいません。この場合､景観的にロックガーデンをおすすめします。ロックガーデンは、傾斜地や斜面などに自然石を組み、石と石の隙間に植物を植え込んで、山岳の雰囲気を作ります。

石組を行い、その周囲にコニファーを植え込むだけなのですが、這性のコニファーを石組みの上から垂らしたり、石に寄り添うように植えたりして変化を持たせると表情に動きが出てきます。また、タイムやヒースなどの低灌木やグラス類、ガザニアなどの花苗を適宜混植すると、華やかな演出が可能になります。ロックガーデンは下から望むことが多く、天空に向かって伸びる雄大な景観が楽しめます。ロックガーデンは過湿が避けられるのですが、裏を返すと乾燥しやすいために、植えた直後や降雨がしばらくない場合は潅水が必要です。

傾斜地を利用したロックガーデン（上・下）

コニファーがたくさんある庭は、香り物質の放出が多く、その中に身を置くだけでリフレッシュできます。コニファーの色や形、香りを楽しんで欲しいと思います。

このようなロックガーデンでは、先にあげたような過湿を特に嫌うものや、枝垂れ性のトウヒやツガなどを用いると、雰囲気良く、仕上がります。

生け垣

ブロック塀は地震による倒壊の危険があるため、近年敬遠されつつあります。私の生活圏ではイヌマキやニオイヒバの生け垣をよく目にするのですが、針葉樹による生け垣は、致命的な病虫害が少なく、よく生け垣に利用されるベニカナメモチなどに比べて枝の伸びも少ないため、維持管理が楽です。

同じ種類を連続し、一直線に植え込んだ生け垣も美しいですが、異種、異品種をランダムに植え込む「混ぜ垣」をおすすめします。生け垣も庭の植栽の一部として利用するのです。

小窓がかわいらしい生け垣。窓の向こうには海が展開（ヒノキ‘クリプシー’ p.46）

さまざまな生け垣

01 ‘カイヅカイブキ’(p.57)
02 レイランドヒノキ(p.50)
03 イタリアイトスギ(p.40)
04 ‘メジロスギ’(p.68)
05 サワラ‘フィリフェラオーレア’(p.44)をウェーブ状に刈り込んだ生け垣
06 2種類のニオイヒバ(‘スマラグ’と‘ヨーロッパゴールド’)を用いた混ぜ垣

トピアリー

フランス式庭園では円錐《えんすい》形に刈り込まれたヨーロッパイチイやツゲのトピアリーをよく見かけます。本来、トピアリーとは、樹木をある形に刈り込むことを指していて、現在では円錐や四角錐、円柱、スタンダード（幹を真っ直ぐ1本のみにして上部に丸味のある樹冠を作る仕立て方）あるいは鳥獣の姿と、様々な形に刈り込んだものが作られています。

さまざまなトピアリー

01 モントレーイトスギ‘ゴールドクレスト’（p.42）のスタンダード仕立て
02 ‘ゴールドクレスト’の団子仕立て。足元にはシロタエギクやリシマキアを配して
03 イヌマキ‘ベニクジャク’のローソク仕立て
04 モントレーイトスギ‘ゴールドクレスト’のスパイラル
05 サワラ‘スクアローサ’（p.45）を利用したワニ

寄せ植え

ガーデニングブームがひろがるにつれて寄せ植えの人気が高まっています。寄せ植えをする個人の感性により様々な植物が植え込まれますが、多くはメインの植物を配し、周囲にそれを引き立てる植物が植え込まれます。

寄せ植え用のコンテナ（鉢）は、形や材質の異なる様々な種類がありますが、丸いものが多く使われます。丸鉢はどの方向からも観賞できる仕立て方、組み合わせが求められるのですが、その点、コニファーの樹形は円錐形が主流であり、全方向から見ることができるため、寄せ植えの中心素材として重宝します。

まず、中心にメインとなるコニファーを据え、そのまわりに低木や草花を植え込みます。この時、各方向から見ることを意識し、バランスよく配置することが大切です。中心部に1株据え付ける以外にも、色違いのものや高、中、低と複数のものを組み合わせて、それら一組を主木と考えて配置しても良いでしょう。

おすすめの組み合わせは、中心に青色がかった種類のコニファーを据え、

海馬桶を使った寄せ植え（ドイツ・ハンブルク）

01　カフェに置かれた寄せ植え（フランス・パリ）
02　10種類のコニファーを用いた寄せ植え
03　店先に置かれたサワラ‘ボールバード’と下草の寄せ植え

その周りに黄葉の植物を配すると、青色がきわ立ち、見た目が美しくなります。また、主木と組み合わせる植物は、草本、木本どちらでも構いませんが、生長が旺盛なもの、立ち性のものは避け、伸びが遅く、横張りもしくは下垂性の植物が合わせやすいです。

寄せ植えを長く楽しむポイントは、初めからコンテナいっぱいに詰め込み植えつけないようにすること、そして植え込んだ時に極端な深植え、浅植えにならないようにすべての株の地つらを同レベルにすること、でしょうか。これは、最初から詰め込みすぎると蒸れる原因になりますし、植え込む深さが違うと、深植えされた株は過湿に、また、浅植えされた株は乾燥しやすくなるからです。定期的に追肥し、花が咲くものは花がらをこまめに摘み取ることもまた、長く楽しむコツになります。

枝葉を使ったアレンジメント

コニファーの枝葉は、いずれの種類、品種でもアレンジメント用の素材として使えるので重宝します。ただし、リースなどに仕立てて1か月以上観賞する場合は、種類、品種によっては針葉がバラバラになって落ちやすいものもあります。モミ、ウラジロモミ、ユサン、レイランドヒノキ、イチイの仲間などは針葉が落ちやすい種類になります。その他のコニファーは、落葉の問題もなく、いずれもいろんな場面で活躍します。たとえば、花束のグリーンとして使うと印象が良く、新鮮に映ることでしょう。

リースの作り方のポイント

写真の例ではアリゾナイトスギ‘ブルーアイス’のみを使用していますが、複数のコニファーの枝葉が入ると色鮮やかになり、コントラストがついた華やかなリースができあがります。基本的な作り方の手順は次の通りです。

大きさは問いませんが、同じ長さに切り分けた枝葉を数本ごとに束にします。この時、あとで固定しやすいように下葉を取り去っておいても良い

リースの作り方

1.

使用するコニファー、ハサミ、リースワイヤー、オーナメント（リボンや球果など)、リースベースを準備します

2.

同じ大きさ（5cm 程度）に枝を切りそろえる

3.

枝を数本ずつまとめる

4.

まとめた枝をリースベースにリース用のワイヤーで固定していく

5.

すき間ができないように順に固定

6.

最後に、壁などに飾るためのワイヤーと、リボンなどのオーナメントを付ければ完成です

（左）数種類の枝とシンプルにリボンだけを使ったリース
（右）リボンや球果、クリスマス用のオーナメントなどをつけるとかわいらしい仕上がりに

でしょう。大きな束で作るとボリューム感が出ます。

次にリースベースに、束にした枝をリースワイヤーでしっかり固定します。固定する際には、リースベースの輪の幅の中心ライン、外側、内側の順に、輪の外側に向かって１束ずつしばっていきます。

そして一周したら、リボンやコーンなどのオーナメントをつけて、吊るすためのリングやフックを取りつければ完成です。

キャンドルアレンジメントの作り方のポイント

ここではヒノキ、ヒノキ‘クリスピー’、モントレーイトスギなど数種類のコニファーを用いて作成しています。

まず枝葉を６〜８cm程度に切り分けます。この時、吸水スポンジに挿しやすいよう下葉は取っておきます。

次にキャンドルは楊枝などを底部に挿し、それを吸水スポンジの上に挿しおくようにして固定します。

続いて枝葉をキャンドルに向って放射状に挿します。

最後にコーンやオレンジにワイヤーをかけ、全体のバランスを見ながら挿し込むと完成。

キャンドルアレンジメントの作り方

1. 器、台となる吸水スポンジ、キャンドル、コニファーなどを用意します

2. 枝を 7cm 程度の長さに切りそろえて、挿しやすいように下葉を落とす

3. 吸水スポンジにつまようじなどでローソクを固定し、その周囲に放射状に枝を挿していきます

4. 色を付けたマツボックリなどの球果や、赤い実の枝、などの装飾をバランスよく飾り

完成

店先に飾られたキャンドルアレンジメント（ドイツ・ハンブルグ）

天井から吊るされたキャンドルアレンジメント

Chapter 04

コニファーを育てる

栽培の基本

栽培条件

●Point 1　気候

コニファーの多くは、温帯から亜寒帯にかけて分布しているので、どちらかというと寒さに強く、暑さを苦手とする種が多くなりますが、一部には暖帯原産のものや熱帯で栽培可能なものもあります。タイのバンコク郊外では、イタリアイトスギや多くのビャクシン類、コノテガシワなどが生産され、マーケットにはコニファー専門店も見られます。また、マレーシアのクアラルンプールでは、レイクガーデン沿いの道路や空港周辺にコロラドビャクシンと思われるものの列植が見られます。

日本では、昭和40年(1965)代初めに第一次と呼べるコニファーブームがありました。このブームの時には導入者によって、手に入る種類であれば何でも海外から日本に導入されました。ですので種類、品種によっては日本の気候にあわず、夏の暑さや冬の寒さで枯れたり、株内部の葉が蒸れて褐変したりし、観賞性の低下をきたしたのです。

その結果、「コニファーは暑がる！」とか「蒸れる！」といった悪評が

熱帯でも生産されるコニファー（タイ・バンコクのサンデーマーケットで）

初夏のアフリカマキ（p.75）

海岸の風景によくあうシマナンヨウスギ（p.66）

高温多湿を苦手とするローソンヒノキ（‘コルムナリスグラウカ’）

たってしまいました（私には手あたり次第に導入した人の責任回避に聞こえるのですが……）。このようなこともあって、今でも、年配の方の中には、コニファーは暑がったり、蒸れたりするから栽培が難しいと、いう人がおられます。しかし、実際には暑さに強い種類、品種も存在し、熱帯でも栽培可能なのです。

たしかに高温多湿である日本の夏は、コニファーの生育にとって決して良い条件ではありません。高温多湿を嫌うコニファーの代表格がローソンヒノキでしょう。ローソンヒノキは、欧米ではあちこちに植栽され、栽培品種数も多く、観賞性が高い代表的なコニファーですが、日本では高冷地を除いて栽培が難しいものの一つです。

一方で、南太平洋諸島原産のシマナンヨウスギやアフリカ原産のアフリカマキなどは暑さに強いのですが、寒さに弱く、暖地以外では露地での越冬が困難で、冬季は屋内で栽培しなければなりません。

●Point 2　日照

コニファー類はある程度の耐陰性はあるものの、基本的には太陽の光を十分得ることができる明るい条件を好みます。そこで、先述したような暑さに弱い種類は、西日を避けることができる場所や通風の良い場所で育てます。

同じ種類を日当たり良好地、日陰地、その中間と分けて栽培すると、日陰ほど葉が展開し、柔らかくなります。また青葉種は日陰ほど鮮やかな青色が発色します。

左から日向、半日陰、日陰で栽培されたモントレーイトスギ‘ゴールドクレスト’（p.42）の枝葉

日向（左）、日陰（右）で栽培されたサワラ‘フィリフェラオーレア’（p.44）の枝葉

左から日向、半日陰で栽培されたサワラ‘ボールバード’（p.45）の枝葉

左から遮光率0%（露地）、30％、60％、90％、95％で栽培したサワラ‘スクアローサ’（p.45）。光線量で生育や品質が異なることがわかる

●Point 3　潮風

都市は臨海部を埋め立ててひろがっていくことが多いのですが、当然ながらそこは潮風害《ちょうふうがい》を受けやすい場所でもあります。

潮風害とは、海を渡る風が塩水（塩分）を運び、それが植物に付着したり土にたまったりすることで、色の変化や枯死を引き起こす害のことです。

コニファーの中では、イヌマキ、ビャクシン類、イタリアイトスギ、シマナンヨウスギ等は潮風害に強く、海岸沿いに植えられます。一方で、ヒノキ、サワラ、ヒマラヤシーダー、モミ、スギなどは潮風に当ると枝葉が褐変しやすいため、海岸沿いの植栽には向いていません。

植えつけの時期

地堀り苗（根巻き苗とも。圃場《ほじょう》から苗木を掘り上げ、根を保護するために土ごと麻布などで巻いた苗）を植えつける適期は、降霜後から春の彼岸ころ、または湿度が高い梅雨の期間中が良いでしょう。これは苗を育てている時に地中広く伸びた根を、出荷時に株元近くで切断して堀上げるため、養水分を吸収する根がほとんどなくなっているからです。ですから地上部の生育が旺盛な時期に行うと、養分や水分が不足することになるため、地上部の活動が衰える時期に植えつけると良いでしょう。一方で、コンテナ栽培の苗は、出荷時に根を傷つけることがないため、年中植えつけることができます。

露地栽培

露地栽培はコンテナ栽培と異なり、一度植えつければ潅水などの管理手間が省け、しかも、生育や葉色などの品質が良くなります。一方で、根づくと生育が旺盛で大きくなりすぎる傾向が見られます。

●Point 1　植えつけの方法

まず、植栽する場所が決まったら大きな穴を掘り、穴底や掘り上げた土に有機物や肥料を混入し、根巻資材で巻かれた苗の肩の部分やコンテナ栽培の根鉢（植物を鉢から抜いて出てくる鉢形の根と土）の上部が地表面から少し出るように浅植えします。浅植えするのは、潅水や降雨で土が締まることで、必ず植えつけた株が沈下するからで、前もって沈下分を見込んでのことです。

過湿になりやすい場所は、あらかじめ、客土（増し土）したり、盛り土を築いたりして植えこみます。

根巻資材は原則ほどかずそのまま植えます。通常は根巻の材は麻布、麻紐ですから、数か月ほど経つと土中で分解されてなくなります。コンテナ栽培苗は、古土や根を若干かき落とし植えつけます。

植え付け後は、根鉢の周辺に水がこぼれないように土手を築き（この築いた土手を水鉢といいます）、そこにタップリと水を流し込み、株をゆすって土を落ち着かせます。そして、倒伏しないよう支柱を添えて固定します。植えつけの後、10日以上降雨がない場合は、水鉢にたっぷりと水をそそぎます。

近年、不織布のポットで育成された株が出回るようになりました。業者はこのポットに切れ込みを入れてそのまま植えつけることが多いようですが、これでは土中に不織布が残ってしまうため、できるかぎり丁寧にはぎ取って植えつけたいものです。剥ぎ取りが難しい場合には、何本か切れ込みを入れるとはずしやすくなります。根鉢を少しほぐし、コンテナ栽培と同様に植えつけましょう。

●Point 2　土

土は、粘質土以外であれば栽培可能なのですが、砂質土よりは砂壌土、壌土の方が生育が良く、葉色などの品質が高まります。しかし、イヌマキはもともと海岸部に植栽されることが多く、砂質土でも健全に生育します。

一般的には、降雨後しばらく滞水する場所や、乾きが遅く過湿になりやすい場所での植栽は避けたいものですが、過湿になりやすい場所に植栽する時には、盛り土をするか排水のための暗渠《あんきょ》や明渠《めいきょ》を掘る、といった対策を施します。逆に宅地造成地の盛り土部分は乾燥しやすいため、地中深く根が張るまでは乾燥に注意する必要があります。砂質土の場合には、赤玉土を客土《きゃくど》すると水持ちや肥料持ちが良くなります。

左からのpH4、5、6、7、8の土壌で栽培したイチイ。pHが高いほど生育不良となる

また、有機物の有無でも生育が異なります。植物は一般的に有機物に富む土の方が生育や品質が高まるため、植える場所にたっぷりと牛糞堆肥や腐葉

土などを鋤《す》き込みましょう。ただし、有機物を多量に投入するとコガネムシを誘引し、根が食べられたりしますので注意が必要となります。

●Point 3　水やりと施肥

露地植えでは活着してしまえば、言い換えると根が張ってしまえば水やりは不要ですが、砂質土による造成地では乾燥が激しいため、生育が衰えたり、葉色が悪くなったりするような兆候があれば潅水しましょう。

また、基肥《もとごえ》は、毎年2月から3月ころに与えます。葉が繁っている幅まで根が張っているため、その下に何か所か穴を掘るかリング状に溝を掘り、化成肥料や有機質肥料を施します。化成肥料なら例えば樹高2mほどの株で一握り程度与えます。追肥は不要ですが、早く大きくしたい場合は梅雨の晴れ間に基肥と同じように与えます。

コンテナ（鉢）栽培

身近で観賞したい場合や株を大きくしたくない場合は、コンテナ（鉢）での栽培がおすすめです。どんな種類でもコンテナ栽培できます。身近に置いて観賞したい種類を植えつけましょう。植えつけの適期は露地栽培に準じます（p.98）。

●Point 01　コンテナ

株を適当な大きさのコンテナや鉢に植えつけますが、「適当な大きさ」とは、例えば、根鉢の径が18cmほどの場合には、好ましいコンテナのサイズは径が21cmから24cmほどになります。

コンテナのサイズを極端に大きくしてしまうと、次回鉢替え時にはそれよりも大きな鉢に植え替えることになり、維持管理に支障がでてしまいます。

コンテナの素材はどのようなものでもかまいませんが、コニファーのことを考えると素焼きの鉢が理想でしょう。素焼きの鉢は重く、また割れやすいという欠点はありますが、水や空気が出入りし、鉢土も暖まりにくいため、根腐れが軽減できます。一方、プラ鉢は軽量で壊れにくく、

ローソンヒノキ‘エルウッディ’（左　p.48）とヒノキ‘ナナルテア’（右　p.47）

保水に優れますが、通気性がないため根傷みしやすいのが短所です。
育てる方の好みや用途によって取捨選択しましょう。

●Point 02　土

培養土は市販されている園芸培土でも構いませんが、市販品は持ち運びが楽なように軽量化されていて、水持ちや肥料持ちが劣ることが多いため、市販品に同量の赤玉土を混入して用いることをすすめています。肥料はもともとの培養土に含まれていますが、赤玉土を混入することで半分になるため、赤玉土に対してリッター当たり2gから3g程度の化成肥料を混ぜます。

1. 植え替えが必要な鉢

2. 植え替え用の鉢を用意します

3. 鉢からそっと株を引き抜く。根がびっしりと詰まっている

4. 根鉢（根と培養土のかたまり）を少しずつほぐして

5. あらかたほぐした後に根の先を切り詰めます

6. 鉢と根のあいだにもしっかりと培養土が入るように、棒などで突きながら充填します（写真は別の植え替え時に撮影したもの）

植え替え前の根鉢の肩が、やや出るように培養土を入れれば完成です

●Point 03　植えつけの方法

露地植えの場合と同様に、根巻き苗は資材を巻いたまま、鉢植えの苗は表面に張った根もろとも鉢土をややほぐし、長い根は切り詰めて植えつけます。

まず、コンテナの底に培養土を入れ、植えつける株を据えてみます。この時、深植えにならないよう注意し、深すぎる場合は、さらに増し土をして高さを調整していきましょう。高さが決まったら、株を据えて、株の肩の部分が出るようにすき間に培養土を充填しますが、この時、鉢土表面がコンテナの縁から少なくとも1cm低くなるように調整します。つまり、ウォータースペースを確保します。園芸書などではコンテナの底にゴロ土を入れる旨の記載がありますが、入れる必要はありません。

元株の根鉢サイズと新たな鉢のサイズにあまり違いがなく、すき間が少ないようであれば、用土が入りにくいために、突き棒などを使ってすき間にもしっかりと充填しましょう。植えつけ後はたっぷりと潅水し、半日陰下で2週間程度養生し、徐々に明るい場所に移動します。

鉢替えもこの作業に準じます。コニファーは根の生長が活発で、短期間でコンテナ内に根が回るため、毎年、あるいは2年に一度は必ず植え替えましょう。

●Point 04　水やり

コンテナ栽培では、毎日のように水やりを行うことから、余剰水とともに肥料分が流乏しやすくなります。そこで、2月から生育期間中の9月にかけては化成肥料を毎月追肥するか、鉢替え時に緩効性の肥料を入れ込んでおくと良いでしょう。コニファーを室内で栽培する場合、有機質肥料を与えると臭いが気になることがあるため、液体肥料を潅水とともに与えます。

繁殖のしかた

樹種によって、可能な繁殖方法は異なります。

野生種の繁殖はおもに実生《みしょう》（種子から発芽させて新しい苗を得ること）によります。

栽培品種の実生は親と同じ形質が発現しないために、栄養繁殖（無性生殖のひとつ。植物体の一部を母体から分離し、新たな個体を形成する繁殖方法。挿し木などは人工的にこれを行うもの。遺伝的には母体と同一のものができる）が必要となります。ここでは実生繁殖と、挿し木、接ぎ木について簡単に紹介します。

もちろん、栽培品種の種子を播種《はしゅ》すると、どのような特徴を持ったコニファーが育つのか植えてみなければわからず、場合によってはこれまでにない形質の株が出てくる可能性もありますので試してみるのも良いでしょう。

なお、接ぎ木用の台木も実生繁殖で育てます。目的によって、取捨選択していただければと思います。

実生苗の栽培。左がナギ（p.74）、右がコウヤマキ（p.34）

実生繁殖

ミカンやスイカのような果実を漿果《しょうか》といいます（一番外側の外果皮が薄く、その内側、中果皮と内果皮が多肉多汁とり、硬い種子を含む果実)。コニファーの中では、イチイなどの果実がこれにあたりますが、この漿果の中にある種子を乾かすと発芽能力が劣る傾向が見られます。ですから、これらの種子は果肉を除去したら、乾かさないうちに播種するようにしましょう。

一方で、マツボックリのような球果に入った種子は、完全に乾いても発芽します。寒さが厳しいところに自生する樹木の種子は、場合によっては冬の寒さを受けた方が、発芽が良いものもあります。

播種の時期は、種子が熟す秋以降、春までが適期です。小、中粒の赤玉土に対して3割程度の腐葉土を混入し、播種用土とします。育苗箱や浅鉢に、容器の8割位まで用土を充填し、1～3cm間隔で種子を播き、同じ用土で種子が隠れるまで覆土します。その後、充分に灌水し、それ以降は用土が乾かないよう注意しながら水をやってください。

気温が上がり始める初夏あたりから徐々に発芽してきますが、その年の秋に小さいポットに鉢上げするか、そのまま1年育て、翌春に鉢上げします。種類によっては発芽まで2年くらいかかるものもありますので、気長に待っていてください。

挿し木繁殖

●Point 1　挿し木の時期

コニファーの多くの種類は挿し木繁殖ができます。

挿し木の時期は、芽が動いてない時期であれば、いつでも良いのですが、最適期は2月から3月中旬、次いで梅雨の時期。もし加温室があれば、12月前後でも可能です。

●Point 2　用土

挿し木用の培地は、無菌の清潔なものが適しています。たとえば、小粒赤玉土、粉状のパーライト、小粒鹿沼土、ピートモスなどで、それらを単用するか混用します。

1. 長さ5～10cm程度の挿し穂を準備します。斑入り葉の種類を挿し木する場合は少し注意が必要です。写真の右端のように葉先に少し斑が入る穂を選びましょう。（フィッエリアナビャクシン‘ブルー＆ゴールド’）

2. 準備した挿し穂の基部を鋭利な刃物で削ります

3. 削った挿し穂の基部

4. 蒸散量を抑制するために葉先を少しカットします。左がカット後

5.

30分から60分程度水につけて水揚げをしましょう

●Point 3　挿し穂の準備

挿し穂は、前年枝の木化してない部分を、梅雨挿しする場合には当年枝を用います（その年の春以降に伸び始めた枝を「当年枝」あるいは「一年枝」と、その前の年に伸びた枝を「前年枝」もしくは「二年枝」という）。

斑入り品種の場合、挿し穂部位によって育成される苗の形質が異なります。つまり、斑の割合が高い部分を挿し木すると発根はしますが、葉緑素がない斑入部分の割合が高いと生育が極端に劣ります。

この挿し穂を、長さ5～10cm程度に切り分けて、鋭利な刃物で基部を削り、30分～60分ほど水揚げした後に挿し木します。下葉はつけたままでかまいません。むしろ下葉がある方が、挿し木を培地に挿した時、碇を下すかのように固定されます。

●Point 4　挿し木の基本

一般に趣味の範囲で繁殖する場合には、径30cmくらいの懸崖《けんがい》鉢（尺鉢）を用意し、鉢の深さの1/3まで挿し木用培地を充填します。たっぷりと潅水し、土に菜箸のようなもので挿し穂を挿しつける穴をあけ、挿し穂を挿入。この時、倒れない程度に浅く挿すことがポイントで、あまり深く挿すと、深く入った部分が枯れやすくなります。

挿し木後には、ふたたびたっぷりと灌水し、鉢内を高湿度に保つためガラス板で全体を覆ったり、ビニール袋などに入れて密封します。この方法は、空中湿度を高く保つための技術で「密閉挿し」と呼ばれます。

挿し木後は太陽光があたらない日陰で管理します。挿し木用培地はほとんど乾きませんが、月に1度くらいは乾燥の程度をチェックしましょう。乾燥に気づいたらタライなどに水を張り、挿し木した針の底を数分つけ（腰水灌水）、その後、水を切って元の場所で管理します。発根したかどうかの判断をする時、新根が鉢底から伸びでるのを確認するようにし、挿し穂を抜いてチェックすることは避けてください。

発根を確認したら鉢上げしますが、密閉挿しした場合の内部環境は高湿度で、葉が柔らかく繊細なため、いきなりガラス板やビニールを除去せず、ガラス板で覆った場合には、天板を横に少しずつずらし、徐々に

6. 挿し木培地を鉢の3割程度まで充填し、潅水します

7. 水揚げをした挿し穂を、用意した培地に挿します。この時、各挿し穂が引っ付かない程度に挿します

8. 鉢の上にガラス板を置いたり、またビニールをかけて密閉

9.

発根が確認できれば、覆いをはずして外気にさらします。この時、いっきに覆いを除かず、ガラス板の場合では少しずつずらし、またビニールの場合ではコイン程度の穴を数日間隔であけ、徐々に外気に慣らすことが大切です

挿し木栽培。各挿し木の生長がそろい美しい

中心となる幹が立ちにくい種類では支柱を立て真っすぐに誘引し、育てる

開口面積を増やしていきます。またビニール袋で密封した場合は、コインくらいの穴を数日間隔で空け増ししていき、徐々に外気に慣らすようにします（順化）。そして、曇天もしくは雨天時にすべての被覆資材を取り払い、小鉢に鉢上げします。鉢上げ後は、しばらく風あたりの弱い日陰で管理し、徐々に明るい場所に移動するようにします。

接ぎ木繁殖

挿し木での繁殖効率が悪い種類や、早く大きくしたい場合には、接ぎ木で繁殖しましょう。挿し木での繁殖が困難なものには、ヒマラヤシーダー類やモミ類、マツ類、一部のトウヒ類などがあります。台木は、接ぎ木する種類と同じもの（共台）や親和性の高い近縁種の実生苗とし、接ぎたい穂より幹が太いか同じ径の株を用います。接ぎ木の適期は2月から3月ころです。

接ぎ木方法は多々ありますが、コニファーに関しては割り接ぎ、腹接ぎが多いです。どちらの方法も一般的に行わる接ぎ木方法と変わりませんので、ここでは詳細を省きます。

接ぎ木後は、風当たりの弱い日陰で管理します。ある程度温度が高い方が活着しやすいのですが、高温で管理すると接ぎ穂の芽が伸び出してしまい、その結果、乾燥、枯死することがあります。接ぎ木後3週間もすれば、活着しなかったものは乾燥枯死し、活着したものは葉が瑞々しいので区別できます。

コロラドトウヒ（p.25）の接ぎ木

ゴヨウマツ（p.32）の接ぎ木

刈り込みと整枝剪定

コニファーは、自然に形が整って年間を通じてあまり手がかからない、といわれてきました。とはいっても、生育の旺勢な種類は樹高や樹形を維持するために刈り込みや枝透かしなどの整枝剪定が不可欠なのです。また、病虫害軽減の観点からも是非、整枝剪定を行ってください。

ちなみに刈り込みとは、木の形を整える目的で枝や葉を切ること。造形樹（枝もの）や生け垣の形を整える時などにおこないます。また剪定は、伸びすぎて不要となった枝を切ったり、混んだ部分の枝を減らして風通しをよくしたりする目的で行います。

コニファーの刈り込みは、極寒の季節以外は基本的には可能なのですが、もっとも良い時期は萌芽前の3月ころになります。コニファーにか

01　東武ワールドスクエアのミニチュア展示に植栽されたヒノキ‘ナナグラシリス’、‘ナナルテア’（p.46, 47）、カナダトウヒ‘アルバティアーナコニカ’（p.23）など

02　飛び出た枝

ぎりませんが、多くの植物は、刈り込んだ切り口が酸化し、茶褐色に変色（褐変）しますので観賞価値が低下します。そこで、萌芽前に刈り込むと、短期間で新芽が吹くために、変色してしまった切り口が隠れて目立たなくなります。もしも10月ころに刈り込んだと仮定しますと、春まで新芽の発生は期待できず、刈り込んで褐変した面が長期間にわたって見え続けることになってしまいます。

もう一つの刈り込み適期は、梅雨明けのころ。その後の夏伸びや秋伸びが期待でき、枝葉が密でボリューム感のある株に仕上がります。

管理可能なサイズは各人の技量や三脚などの道具の有無で異なりますが、自分で決めた形やサイズを維持するためには、新梢が伸び出す都度にその部分を刈り込むか摘み取ると、現状の形や、サイズが維持できます。

実は、樹高や樹形維持のために参考となるかっこうの場所があります。栃木県鬼怒川温泉にある世界各国の遺跡や建築物を1/25のスケールで再

03　芽切ハサミで丁寧にカット
04　少し枝が伸びた段階で、こまめにピンチすることが大切
05　直線的な面をカットする場合、刈り込みハサミはこの向きで使用
06　曲面をカットする場合はこの向きで

01　円筒形に整えられたレイランドヒノキ（p.50）
02　枝を刈り込んで玉形に整えたハイビャクシン（p.64）
03　ピンチ前
04　はみ出た枝をピンチ
05　ピンチ後
06　自然の樹形を生かして刈り込まれたコニファーガーデン（バンクーバー）

現したミニチュアパーク「東武ワールドスクウェア」。そこでは、展示建造物とともに樹木、それも多くはコニファー類が植えられています。この植栽が自由に生長すると、1/25のスケールで造られた建物より大きくなってしまい、展示物のスケール感が損なわれてしまいますので、管理作業にあたる職員が芽切ハサミや糸切ハサミなどを使い、絶えず伸びた部分を切除し、樹高や樹形の維持をしています。コニファーの樹形維持のための参考となる必見の場所としておすすめです。

刈り込みの基本

刈り込みを行う場合、新梢部分はどこを刈り込んでも構わないのですが、木化が進み、先にしか枝葉がない枝を途中で切ると、極一部の種類を除いて新芽が発生せず、その枝は枝枯れしやすいです。ですから、刈り込みや剪定をする場合、極一部でも枝葉を残すことがポイントです。

枝葉のない部分で剪定してしまった時、新芽が伸びて枝葉が再生する樹種はいくつもありませんが、その代表としてコノテガシワがあげられます（p.55）。一度、コノテガシワ‘エレガンティシマ’のすべての側枝を付け根から切除し、一本棒にしてみたのですが、もともとあった枝の付

01　胴吹きしやすい種類は生垣に最適（コノテガシワ‘エレガンティシマ’ p.55）
02　胴吹き再生した株
03　センペルセコイア（p.35）の胴吹き

け根付近から新芽が伸びだし（胴吹き）、3年で元の姿のような株に戻りました。ですから、コノテガシワは、生け垣用のコニファーとして最適な樹種といえるでしょう。
　コノテガシワに準じて枝葉が再生する可能性のある、つまり胴吹きしやすい種類はキャラボク（p.36）、コロラドトウヒ（p.25）、センペルセコイア（p.35）など、わずかの種があげられます。もちろん、コノテガシワのように各所から芽を吹くまでにはいたりませんが。

生け垣の刈り込み

　生け垣を刈り込む場合は、まず高さを揃えることから始めます。
　まず、道糸を張り、刈り込みハサミで植栽の頂部を水平に刈ります。太く、丈夫な枝が出ている場合、刈り込みハサミで無理に切らず、剪定ハサミやノコギリでその部分を切り落とす方が良いでしょう。
　次に側面を刈り込みますが、ここで注意して欲しいのが、生け垣上部は強めに下部は弱めに刈り込むこと。つまり、横から見て台形状に刈り込むと、後にきれいに仕上がります。これには訳があります。植物には頂芽優性という特性があるから。つまり下部より上部の方が生育旺盛なのです。側面を垂直に刈り込むと、上部の生育の方が盛んですから逆台形の頭でっかちの生け垣になってしまいます。ですので上部を強めに刈り込むと、強い枝が出ても下部とボリューム感が同じになります。

生け垣の刈り込み方法

植物は頂芽の方が優勢に生育するため、上部を強く下部は弱めに刈り込む

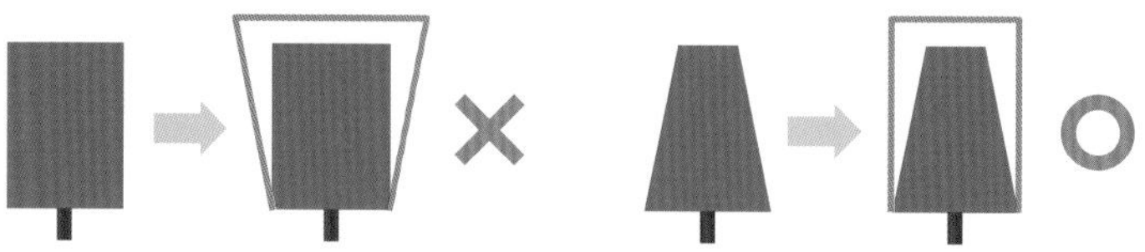

生け垣の刈り込み方法のイメージ

いろいろな種類のコニファーを用いた生け垣
01　キャラボク（p.36）
02　‘カイヅカイブキ’（p.57）
03　高低を利用した生け垣。‘カイヅカイブキ’（奥）とハマヒサカキ（手前）

ニオイヒバ（p.51）やベイスギ（p.54）、モントレーイトスギ（p.42）、アリゾナイトスギ（p.39）など、香りの良い種類のコニファーを刈り込んだら、是非、切り落とした枝葉を布袋などに入れ、風呂に浮かべ、その香りを楽しんでください。また、園路に敷き詰めると、歩く度に良い香りが漂い、気分をリフレッシュすることができます。

トピアリー

レイランドヒノキ‘ゴールドライダー’（p.50）の円筒仕立て

トピアリー（p.85）を仕立てる場合、比較的葉が細かく、刈り込みに耐え、芽吹きが良く、枝葉が密生する樹種が適しています。代表的な樹種はイチイ（p.36）、コノテガシワ（p.55）、ニオイヒバ（p.51）、モントレーイトスギ（p.42）、アリゾナイトスギ（p.39）、ヒノキ（p.46）、サワラ（p.44）など。

トピアリーに仕立てる株は、完全なものでなくても構いません。たとえば下枝が枯れ込んでしまった株や、逆に上部が枯れ込んだ株も利用できます。下枝が枯れ込んだ株はスタンダード仕立てにできますし、上部が枯れ込んだ株は、四角形などに仕立てることができます。どんな形に仕上げるかは、その株の形態をよく見て判断しましょう。

●Point 1　スタンダード仕立て

以下、スタンダード仕立てのポイントを簡単に紹介しましょう。

まず仕立てたい高さの位置で、主幹を切り詰め、将来球になる部分を残してそれより下に位置する側枝を付け根から切り落とします。球になる部分は大き過ぎず、かつ小さ過ぎないよう適当な大きさにすることが求められます。

一般的には、樹高を5等分し、球の部分が2、足の部分が3となるよう配分するとバランスが良くなります。球と足が同じ長さの株や、足を極端に長くした株はバランスが悪く、安定性、観賞性が劣ってしまいます。

続いて、将来球となる部分が決定したら、大まかに枝先を丸く剪定し、その後も数回刈り込みます。この時、鉢植え株は芽吹きを良くするため、

アリゾナイトスギ‘ブルーアイス’（p.39）のスタンダード仕立て

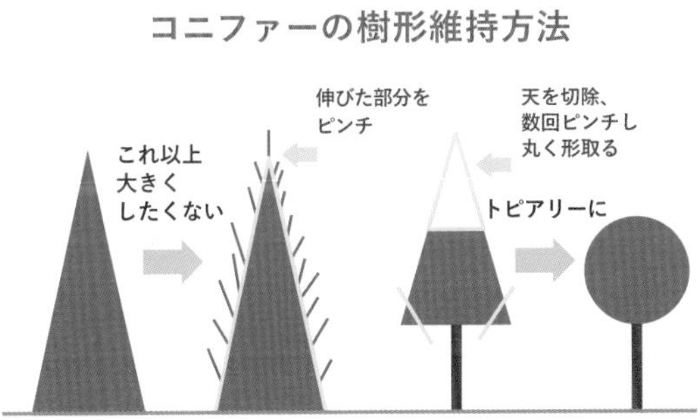

コニファーの樹形維持方法のイメージ

新しい培地で植え替えた方が良いでしょう。露地植え株の場合には追肥を行い、肥培管理に心がけましょう。新芽が伸びだしたら、適宜枝先を刈り込み、これを数回繰り返せば、枝葉が密できれいな株に仕上がります。

なお、円筒形や円錐形、四角錐などに仕立てる場合も、高さ、幅のバランスが決め手となります。

●Point 2　スパイラル仕立て

もう一つ、スパイラル仕立ても紹介しておきます。

スパイラル作りは、やや高度なテクニックが要求されます。ポイントは、「急角度に刈り込むこと」です。角度が浅いと、らせん間が枝葉ですぐ埋まってしまい、単にローソク仕立てにななめの筋が入っているだけに見えてしまいます。株の頂点からハサミを入れ、下側に向けて躊躇なく思いっきり刈り込む。これがポイントになります。らせんとらせんのあい

スパイラル仕立て

1. 刈り込み前

2. 完成形をイメージしながら頂部から少しずつ刈り込んでいく

3. 全体の形がほぼ完成

4. 急角度に刈り込むのがpoint

完成

だに主幹が見えるよう意識的に刈り込みます。その後、新芽が伸びるたびに刈り込むことで、枝葉が密な株ができあがります。

整枝剪定の基本

　コニファーの多くは、育苗中に強い側枝が伸び出し、そのまま伸ばすと双幹あるいは3幹状の頭でっかちの株になってしまい、安定感に欠けます。見た目は単幹と変わらない株でも、雨や雪が降るたびに左右に枝

整枝剪定

1. 側枝が飛び出したイヌマキ

2. 飛び出した枝を深く切り詰めます

3. そのほかの枝も切り詰めて円錐形を作ります

4. 管理できる高さで主幹をピンチ。そこを頂点にはみ出た枝を切り詰め整え、円錐形に整枝します

が分れ、樹形が崩れやすいために、早めに強い側枝を切り詰めて1本主幹に仕立てることが大切です。

古葉かき

ニオイヒバやヒノキ、サワラ類などは、秋に株内部の古い葉が黄変し、脱落します。この黄変した葉はしばらく枝についています。目につきやすい場合は人為的に取り除いてやります。

古葉かき

1. 株内部の枝葉が枯れ込んだ鉢物（サワラ‘ボールバード’p.45）

2. 枯れた枝葉を指先で摘み取ります

3. 樹形を乱す枝葉は切除

植え替えして完成です

知っておきたい病虫害

コニファーは比較的病気や害虫による被害の少ない樹種ですが、まったく被害を受けないというわけではありません。また近年は地球温暖化の影響で、これまで南方にしか生息していなかった害虫が北上してくる傾向が見られるなど、新たな病害虫も拡大傾向にあります。

コニファーを育てる時に心配なおもな病気や害虫を紹介しておきます。

知っておきたい病気

●赤星病

ナシやリンゴの産地では、条例によりビャクシン類の栽培が禁止されている自治体があります。赤星病菌は、夏の初めころにナシなどの葉で夏胞子が形成され、それがビャクシン類に移動して春までとどまり冬胞子が形成され、ナシなどの新芽が吹くころにその新葉に飛散して発病させてしまいます。コニファーに直接的な被害はありませんが、ナシなどは葉に褐色の病変が広がり、ついには落葉してしまいます。光合成ができないため果実にも影響が出ます。

赤星病冬胞子堆

赤星病（ナシ）

●樹脂胴枯れ病

ヒノキやビャクシンでは普通に見られ、とくにローソンヒノキは罹病しやすい病気です。幹や枝の基部から樹脂（ヤニ）を流し、衰弱枯死してしまいます。年に数回殺菌剤を散布することで、ある程度回避できます。

樹脂胴枯れ病

●葉枯れ病

葉枯れ病（下はモントレーイトスギ‘ウィルマ’ p.42　右奥に見えるニオイヒバは健全）

モントレーイトスギ‘ゴールドクレスト’やローソンヒノキ‘ジュビナリススストリクタ’など、葉がやわらかくて密生する樹種を露地で栽培すると、降雨や露で株の内部まで濡れてしまい、それが原因で各種のカビが繁殖しやすくなります。葉が密生する株は、通気性が劣り、株内部まで乾燥しにくいために、カビにとっては好ましい環境となってしまい、このカビが原因で葉が枯れるのです。葉がやわらかくて密生する樹種は、できるかぎり露地栽培を避け、雨などがあたらない軒下や室内での栽培をお願いしています。是が非でも露地に植えたい場合には、枝を透いて通風を改善するか、ボリュームを制限してスリムな樹形に仕立てることが大事です。これにより株内部を素早く乾かすためです。さらに、定期的に殺菌剤を散布し、予防を徹底することも大切になります。

知っておきたい害虫

●イブキチビキバガ

イブキチビキバガ（コロラドビャクシン‘スカイロケット’p.60）

ビャクシンに寄生するガで、孵化した幼虫がやわらかい葉先に入ることで、食害がおこります。近年は、モントレーイトスギ‘ゴールドクレスト’にも寄生が見られます。初夏から年間に3、4回発生し、7月がそのピークです。株をゆすると小さなガが飛び出します。また、黒い紙の上で枝先をパタパタ振ると、幼虫が落ちてきますので確認したら殺虫剤で防除してください。

●トドマツノハダニ

マツやモミ、ツガ、トウヒなど、広範囲に寄生するダニで、寄生されると葉色があせて最終的には茶褐色になってしまいます。変色した部分をルーペで拡大して見ると、小さいクモのようなダニや卵が見えます。ダニ類は世代交代が早く、殺ダニ剤をまいても耐性がつきやすく効果が小さいこともあります。被害が小さなうちに見つけ、複数の殺ダニ剤を交互に散布して防除すると良いでしょう。特に、高温乾燥時の発生が多いので注意が必要です。

●メイガ

メイガの巣

トウヒなどでよく見かけます。枝先にクモの糸のようなもので巣を作り、その中で生活し、葉を食害します。一つの巣の中に何匹もいて、大量のフンが見つかります。殺虫剤をまいても巣の中にまで浸透しないために、見つけた場合には巣を壊す必要があります。

●チャハマキ

枝先の葉が数枚束状に綴られ、その中に緑色をおびた幼虫が隠れています。幼虫は新葉の柔らかい部分や新芽を食害するため、生育がとまってしまいます。コニファーの中ではとくにイヌマキを好むのですが、雑食性のため様々な樹木に寄生します。綴られた部分を摘み取るか、中の幼虫を捕殺するようにします。

●コガネムシ

成虫も葉を食害しますが、それよりも致命的な影響を与えるのが幼虫です。コニファーに限らず植物は、有機物が豊富で肥えた土壌の方が生育が良いために、植えつけ前に堆肥などを施用します。コンテナ栽培の時も同じで、腐葉土や堆肥をかなり混入します。ところが、コガネムシは有機物が多い土を好んで産卵します。孵化した幼虫が初め有機物を食べるのですが、それを食べつくすと植物の生きた根を食べ始めてしまいます。もしも、傾いたり、ぐらついたりするような株を見つけたら、コガネムシの幼虫が細根を食べつくしてしまい、株を固定する根がなくなってしまった可能性が高く、見つけ次第捕殺しましょう。コンテナ栽培の場合、新たな用土で植え替えると回復が早くなります。

●その他

気候の温暖化により、もともと西南暖地に分布していた害虫が関東地方まで進出しています。モンアシブトゾウムシはおもにイヌマキの新梢に入り、中を食害しますし、ケブカトラカミキリムシは、イヌマキやナギの樹皮下で行動し、維管束を切断するために被害部より上が枯死してしまいます。またマスダクロホタマムシは、幼虫がニオイヒバやビャクシンの幹に食い入り、それより上部の枝葉を枯らしてしまいます。株の状態を日ごろから観察し、異変を感じたら殺虫剤を散布したり、幹内に食い入った幼虫は、幼虫があけた穴に殺虫剤を注入してください。

（上）モンアシブトゾウムシによる被害
（下）イヌマキ類の幹に食い入るケブカトラカミキリムシ

Chapter 05

たずねてみたい！
コニファーガーデン

コニファーとふれあうことができる日本の代表的なガーデンを紹介します。（※情報は 2023年2月現在のものです）

真鍋庭園

〒080-0832
北海道帯広市稲田町東 2-6
TEL　0155-48-2120
http://www.manabegarden.jp/

1966年、日本初のコニファーガーデンとして開園した庭は2万5,000坪におよび、回遊式の日本庭園、洋風庭園、風景式庭園から構成されています。この庭ではトウヒやモミの仲間、ビャクシン類、ニオイヒバなどのコニファー以外にも、ハイドランジアやシモツケなどの花木、カラーリーフプランツなどがここかしこに植えられていて、見ごたえのあるガーデンになっています。特に看板木である青白い葉が特色のコロラドトウヒは、園内各所で見ることができます。2019年放映の朝の連続テレビ「なつぞら」のロケ地ともなり、ロケ現場を一目見たいと願う人の来園も後をたちません。

コニファーロッヂ

〒020-0601
岩手県滝沢市後 519-2
TEL　090-1065-4729
http://www.conifer-lodge.com/

岩手山のふもとでコニファーを中心に、樹木や宿根草などを生産、販売する農園。寒冷地であることから試作を重ね、寒さに耐える植物の生産に取り組んでいるのが特

徴です。生長の異なる植物を組み合わせながら、庭の新たな可能性をひろげることをコンセプトにした庭造りに挑戦しています。生産を兼ねたガーデンは、植物の特性にあわせて植栽され、高低差をうまく利用して作られていて、岩手山を背景に、木々や草花の植物本来の特性を見ることができます。見学希望の方は要予約。

東武ワールドスクエア

〒321-2593
栃木県日光市鬼怒川温泉大原209-1
TEL　0288-77-1055
https://www.tobuws.co.jp/

世界各国の遺跡や建築物を再現したミニチュアパーク。世界22の国と地域より選ばれた100点以上の遺跡や建築物を25分の1のスケールで忠実に再現しています。園内には多種多様な植物が植えられていますが、メインはヒノキ、

サワラ、トウヒ、ビャクシン、イチイなどの矮性品種で、しかも年中大きさが一定になるように細かな管理がなされています。コニファーの樹高や樹形を一定に保つための管理方法の最も大切なことがここにあり、園内各所で管理に携わる職人の技術を目にすることができます。

東京都農林総合研究センター

〒190-0013
東京都立川市富士見町 3-8-1
TEL 研究企画室　042-528-5216
https://www.tokyo-aff.or.jp/site/center/

同センターは、東京都における農林業および食品産業の技術開発を担う公的試験研究機関で、農業後継者養成のための農業技術研修、食農教育などにも取り組んでいます。見学者解放エリア（花と緑の散策路、香木園、展示温室など）は、自由に見学が可能で、とくに樹木見本園は素晴らしく、今流行りの樹種を見ることができます。10m以上に達するイタリアイトスギ、50年生で樹高80cm程度のヒノキ矮性種まで、コニファーのコレクションは豊富。東京近郊で栽培可能なコニファーを選定するために、一度は訪れてみたい場所です。

ラ・カスタ ナチュラル ヒーリング ガーデン

〒398-0004
長野県大町市常盤 9729-2
TEL 0261-23-3911
https://www.lacasta.jp/garden

「植物の生命力と癒し」を具現化した“美と癒し”をコンセプトに、観るというより五感で感じてもらうガーデンを目指しています。宿根草や雑木、四季折々の花が咲く園内は、一日100人までの見学者の上限があることから、ゆったりと散策ができます。背景に後立山連峰がひろがるコニファーガーデンは圧巻。信州の気候はコニファーの育成にとって条件も良く、発色や勢いも素晴らしいです。併設のアロマ体験工房では、オリジナルのアロマを作ることができます。見学希望の方は要予約。

赤塚植物園レッドヒル ヒーサーの森

〒514-2221
三重県津市高野尾町 2877
TEL 059-230-7789
http://www.redhill.co.jp/

「故郷の村を豊かにし、人々が集う場所をつくりたい」という現会長の夢と、山や森に愛情を注いだ会長夫人の想いから生まれたガーデン。その中で量的にも景観的にも外せないのがコニファー広場で、レッドヒルを代表するスポットのひとつ。「こころの池」から奥へと段々にひろがる芝生広場の両側に配されたコニファー、さらに、その奥にひろがるセンペルセ

ぎふワールド・
ローズガーデン

〒509-0213
岐阜県可児市瀬田1584-1
TEL　0574-63-7373
https://gifu-wrg.jp/

1995年に開催された花の博覧会「花フェスタ‘95ぎふ」の会場を岐阜県が再整備し、翌年4月にオープンした都市公園です。

コイア（レッドウッド）の森は、まるでヨーロッパの庭園にいるかのように感じます。筆者も開園にあたってのアドバイスを授けた経緯があるため、格別の思い入れがあります。シャクナゲの咲く頃、親子写生大会が開催されますが、500人を超える親子連れが参加し、自然や命の大切さを学ぶ一大イベントとなっています。

80.7haの広大な敷地に世界最大級のバラ園や、バラの歴史がわかる「花のミュージアム」、季節ごとにイベントを開催する大温室の「花の地球館」、園内を一望できる高さ45mの「花のタワー」、屋外イベントを開催する「プリンセスホール雅」などがあり、見どころも満載です。バラ園の奥にコニファーガーデンが設けられています。

兵庫県立淡路園芸景観学校

〒656-1726
兵庫県淡路市野島常盤954-2
TEL 0799-82-3455
FAX 0799-82-3124
https://www.awaji.ac.jp/alphagarden/

淡路景観園芸学校は、2009年4月に開校。「いきもの」に対する人類共通の畏敬の念と愛情をもとに、常に人と自然の密接な関係の媒体となってきた花と緑を中心にして、地域独自の風土や文化の創造、自然環境の保全に資する「景観園芸」を実践する全国初の専門職大学院です。校内のALPHA GARDENは誰でも自由に散策が可能で、カフェテリアの前に広がるロックガーデンにはコニファーが整然と植えられ、コニファーの色と形が織りなす景観が楽しめます。

フローランテ宮崎

〒880-0836
宮崎市山崎町浜山 414-16
TEL　0985-23-1510
http://www.florante.or.jp/

フローランテ宮崎は世界に誇る「花のまちづくりの推進拠点」として、2000年4月にオープンした都市公園。市民や観光客が四季折々の花とともに生活を楽しむ場所となっています。周辺のリゾート施設「フェニックス・シーガイア・リゾート」や、宮崎市の「市民の森」などからなる阿波岐原森林公園（390.9ha）の施設のひとつです。1999年に開催された「第16回全国都市緑化みやざきフェア」の主会場の一部ともなりました。ロックガーデンには、特徴ある樹形や葉色の、宮崎で生育可能なコニファーが植えられたガーデンが造られていて、暖地で栽培可能なコニファーを探すうえで参考になるでしょう。